EINFACH GUT

Renate Faller (Hrsg.)

Fernöstliche Küche

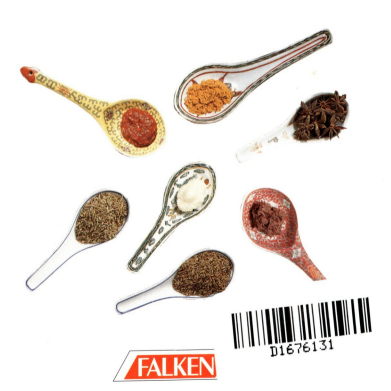

FALKEN

Inhalt

Zu diesem Buch — 3

Suppen, Teigtaschen und
andere Leckerbissen — 4
Gerichte mit Fleisch und Geflügel — 14
Gerichte mit Fisch und Meeresfrüchten — 40
Gerichte mit Gemüse — 54

Rezeptverzeichnis — 64

Zu diesem Buch

Tatsache ist, daß asiatische Gerichte bei uns auch weiterhin mehr und mehr begeisterte Genießer finden. Es waren wohl die chinesischen Köstlichkeiten, durch welche die meisten von uns die fernöstliche Küche kennen- und liebengelernt haben. Nun sind viele von uns an weiteren Länderküchen aus dem besagten Raum interessiert. Das vorliegende Buch bietet eine wahre Fundgrube für alle diejenigen, die fernöstliche Gerichte auch mal in der eigenen Küche zubereiten und am eigenen Tisch – vielleicht zu zweit, mit Freunden oder der Familie – genießen möchten. Über jedem Gerichtfoto finden Sie einen Hinweis dazu, aus welchem Land die jeweilige Köstlichkeit ursprünglich stammt. Alle notwendigen Gewürze und sonstigen Zutaten sind heute, vor allem in größeren Städten, zu bekommen. Fragen Sie in Asienläden, gut sortierten Spezialabteilungen von Supermärkten, in Gewürz- und Teeläden sowie bei Ihrem Gemüsehändler oder auf dem Wochenmarkt nach. Tip: Sprossen und Keime können Sie leicht selbst ziehen. Dazu sei das Buch »Keime und Sprossen in der Naturküche« aus dem FALKEN Verlag empfohlen. Besondere Küchengeräte benötigen Sie nicht. In den Rezepten wird oft der Wok genannt, welcher sicherlich für viele Gerichte das optimale Gargeschirr ist. Zum einen ist er das wohl vielseitigste asiatische Kochgeschirr: Sie können ihn zum Braten, zum Fritieren, zum Kochen, zum Dämpfen oder zum Schmoren benutzen. Zum anderen können Sie im Wok bei großer Hitze in kurzer Zeit garen (unter Rühren braten), was sich sehr positiv auf den Geschmack und vor allem auf den Vitamingehalt der Speisen auswirkt. Im Wok Gebratenes ist also nicht nur lecker, sondern auch gesund. Vor allem dann, wenn Sie möglichst wenig Bratfett verwenden. Woks sind bei uns meist aus Gußeisen oder Edelstahl erhältlich und werden oft mit dem nötigen Zubehör (hölzerner Pfannenwender, Sieblöffel, Dämpfkorb, Drahtgitter ...) angeboten. Bei aller Schwärmerei für dieses Gerät – eine gute beschichtete Pfanne oder ein Edelstahltopf reichen natürlich auch aus.
Fast alle Rezepte in diesem Buch sind für zwei Personen ausreichend. Ausnahmen sind im Rezeptkopf angegeben. Sollten Sie mal für Freunde, Bekannte, Kollegen oder die ganze Familie fernöstlich kochen wollen, so verdoppeln oder vervielfachen Sie die Zutatenmengen einfach. Zu jedem Gericht finden Sie einen Beilagen- bzw. einen Getränketip. Und natürlich ist auch immer die Kalorienmenge angegeben. Über jedem Gerichtfoto finden Sie eine Angabe zur Zubereitungszeit. Wir rechnen:
schnell = Zubereitungszeit bis zu ½ Stunde,
braucht Zeit = Zubereitungszeit bis zu 1 ½ Stunden,
zeitintensiv = Zubereitungszeit länger als 1 ½ Stunden.
In der Zubereitungsanweisung wird vorausgesetzt, daß Gemüse, Früchte und Kräuter bereits geputzt und Fleisch, Geflügel, Fisch usw. bratfertig sind.

Abkürzungen:

EL = Eßlöffel (gestrichen)
TL = Teelöffel (gestrichen)
Msp. = Messerspitze
TK-... = Tiefkühl-...
l = Liter
ml = Milliliter
kg = Kilogramm
g = Gramm
kcal = Kilokalorien
ca. = circa
Min. = Minute(n)
Std. = Stunde(n)
°C = Grad Celsius

Die Rezepte sind für 2 Personen berechnet. Ausnahmen sind im Rezeptkopf angegeben.
Die Kalorienangaben beziehen sich immer auf 1 Portion.
Die Anordnung der Gerichte auf den Fotos entspricht der Reihenfolge der Rezepte auf der jeweiligen Seite.

SUPPEN, TEIGTASCHEN UND ANDERE LECKERBISSEN

Die asiatische Küche bietet ein abwechslungsreiches Angebot an kleinen Leckereien, die innerhalb eines Menüs, als Bestandteil einer Reistafel oder einfach als kleine Mahlzeit zwischendurch serviert werden können. Unter anderem finden Sie in diesem Kapitel den wohl bekanntesten japanischen Snack: Sushi.

Hühner-Kokos-Suppe

- Zubereitungszeit: ca. 40 Min.
- ca. 360 kcal je Portion
- Dazu paßt Reis oder helles Brot

700 ml Geflügelfond aus dem Glas
1 kleine Zwiebel
1 gepreßte Knoblauchzehe
1 TL gemahlenes Zitronengras
(ersatzweise abgeriebene Schale von
1 unbehandelten Zitrone)
1 Stückchen feingehackter frischer
Ingwer (ersatzweise $1/2$ TL Ingwerpulver)
ca. 75 g weiße kleine Champignons
250 g Hähnchenbrustfilets
ca. 65 g Kokoscreme (Fertigprodukt)
$1\ 1/2$ EL Zitronensaft
$1\ 1/2$ EL Fischsauce
etwas Salz
frische rote und grüne Chilischoten nach Belieben

1. Den Geflügelfond in einen Topf geben und erhitzen.

2. Die Zwiebel fein hacken und zusammen mit Knoblauch, Zitronengras oder -schale und Ingwer im Mörser zerreiben. Diese Mischung zur Geflügelbrühe geben und alles bei offenem Topf etwa $1/4$ Stunde köcheln lassen.

3. Die Suppe anschließend durch ein Sieb gießen, in einem Topf auffangen und wieder zum Kochen bringen.

4. Die Champignons eventuell halbieren. Das Hähnchenfleisch in kleine Stückchen schneiden. Beides zusammen mit der Kokoscreme zur Suppe geben und das Ganze bei offenem Topf etwa 5 Minuten köcheln lassen.

5. Zitronensaft und Fischsauce hinzufügen und die Suppe mit Salz abschmecken. Die Chilischoten entkernen, in feinste Ringe schneiden und zur Suppe reichen.

Variation:
Anstelle der Hühnchenbrustfilets können Sie auch Putenbrustfleisch verwenden. Dieses sollte etwa 10 Minuten in der Suppe köcheln.

THAILÄNDISCH

SCHNELL · BIRMANISCH   **BRAUCHT ZEIT · CHINESISCH**

Scharfe Suppe

- Zubereitungszeit: ca. ½ Std.
- ca. 90 kcal je Portion
- Dazu paßt Fladenbrot

250 g gemischtes Gemüse (Zucchini, Weißkohl, Wirsing, Chinakohl, Spinat)
½ l Hühnerbrühe
1 Zwiebel, in dünne Ringe geschnitten
1 TL Garnelenpulver oder
2 frische Garnelen
2 Pfefferkörner, ¼ TL Sardellenpaste
2 Knoblauchzehen, in feinen Streifen
gemahlener schwarzer Pfeffer
nach Belieben
Salz

1. Das Gemüse in feine Streifen schneiden.

2. Die Brühe aufkochen lassen. Zwiebel, Garnelenpulver oder frische Garnelen, Pfefferkörner, Sardellenpaste, Knoblauch und Pfeffer dazugeben. Dann alles etwa 5 Minuten köcheln lassen.

3. Das Gemüse hinzufügen und alles weitere 3 Minuten köcheln lassen. Die Suppe mit etwas Salz abschmecken.

Hühnersuppe

- Zubereitungszeit: ca. 1 Std.
- ca. 350 kcal je Portion
- Dazu paßt herzhaftes Brot

1 Hähnchenbrustfilet, in feinen Streifen
1 EL Erdnußöl
1 fein gehackte Knoblauchzehe
1 kleine Zwiebel, in Ringen
1 Karotte, in feinen Streifen
je 100 g Bambussprossen und Sojabohnenkeime, ½ l Hühnerbrühe
1-2 EL Maisstärke, ¼ TL Chilipulver
½ TL geriebener Ingwer
1-2 EL Sojasauce
Salz, Pfeffer aus der Mühle, 1-2 EL Essig
125 g eingeweichte Glasnudeln
(ca. 50 g Rohprodukt)
3 eingeweichte, kleingeschnittene Tongupilze

1. Die Filetstreifen im Öl anbraten. Knoblauch, Zwiebel und Gemüse dazugeben und mitbraten. Brühe hinzufügen. Alles etwa 12 Minuten kochen.

2. Die Suppe mit der Stärke binden, mit den Würzzutaten abschmecken, Nudeln und Pilze dazugeben und erwärmen.

BRAUCHT ZEIT · CHINESISCH **SCHNELL · CHINESISCH**

Rindfleischsuppe

- Zubereitungszeit: ca. 1 Std.
- ca. 200 kcal je Portion
- Dazu paßt Roggenbrot mit Butter

125 g geschnetzeltes Suppenfleisch
etwas frischer Ingwer, in Scheiben
1/4 TL Salz
1/2 Sternanis
1/2 EL trockener Sherry
125 g TK-Erbsen
1 TL Speisestärke
1 verschlagenes Ei
2 kleingeschnittene Frühlingszwiebeln

1. Fleisch, Ingwer, Salz, Sternanis und Sherry mit 1 Liter kaltem Wasser in einen Topf geben, alles aufkochen und etwa 1/4 Stunde köcheln lassen.

2. Die Erbsen hinzugeben und alles nochmals 1/4 Stunde köcheln lassen. Den Anis herausnehmen. Die Stärke mit etwa 1 Eßlöffel kaltem Wasser anrühren. Die Suppe damit binden.

3. Das Ei in die Suppe rühren, alles etwa 1 Minute köcheln lassen und mit den Zwiebeln bestreuen.

Krabben-Mais-Suppe

- Zubereitungszeit: ca. 1/2 Std.
- ca. 300 kcal je Portion
- Dazu paßt Krabbenbrot

1 EL Sesamöl
3 EL Frühlingszwiebeln, in Ringen
1/2 rote Paprikaschote, in Streifen
75 g ausgepulte Krabben oder
Crevetten
250 g abgetropfter Mais aus der Dose
425 ml Fischfond (Fertigprodukt)
1 EL Sherry, 1/2 TL Zucker
1/2 EL Sojasauce, 1 EL Stärkemehl
1 leicht verschlagenes Eiweiß
Salz, Pfeffer aus der Mühle
1–2 EL Schnittlauchröllchen

1. Zwiebeln, Paprika sowie Krabben oder Crevetten im Öl kurz anschwitzen.

2. Die Hälfte des Maises pürieren, mit den restlichen Maiskörnern in den Topf geben und alles mit dem Fond auffüllen. Sherry, Zucker, Sojasauce sowie Stärke miteinander verrühren und die Suppe damit binden.

3. Eiweiß unter die Suppe rühren, abschmecken und mit Schnittlauch bestreuen.

Wan-Tan mit Hähnchenfüllung

- Für 4 Personen
- Zubereitungszeit: ca. 1 ½ Std.
- Kühlzeit: mind. ½ Std.
- ca. 410 kcal je Portion
- Dazu paßt Chinakohlsalat

<u>Für den Teig:</u>
250 g Weizenmehl, 1 Ei, 1 Prise Salz

<u>Für die Füllung:</u>
2 Hähnchenbrustfilets
4-6 eingeweichte Wolkenohrpilze
4 Frühlingszwiebeln
4 EL chinesisches Essiggemüse
je 2-3 EL Soja- und Hoisinsauce
½ TL Fünf-Gewürz-Pulver
Salz, Pfeffer aus der Mühle
1-2 EL Maisstärke, Öl zum Fritieren

1. Mehl auf eine Arbeitsfläche sieben, eine Mulde hineindrücken. Ei, etwa 150 ml Wasser und Salz hineingeben. Alles zu einem geschmeidigen Teig verarbeiten.

2. Diesen in ein feuchtes Tuch wickeln und mindestens ½ Stunde kühl stellen. Ihn später dünn ausrollen und etwa 4 x 4 cm große Quadrate ausschneiden.

3. Während der Teig kühlt, Filets, Pilze, Zwiebeln und Gemüse durch die feine Scheibe eines Fleischwolfs drehen. Alles mit den Würzzutaten abschmecken und die Stärke darunterrühren.

4. Die Füllung auf die Teigquadrate verteilen. Die Teigecken anheben und in der Mitte zusammendrücken. Dabei die Teignähte fest zusammenkleben. Die Taschen in heißem Fett fritieren.
(auf dem Foto: links)

Wan-Tan mit Crevettenfüllung

- Für 4 Personen
- Zubereitungszeit: ca. 1 ½ Std.
- Kühlzeit: mind. ½ Std.
- ca. 560 kcal je Portion
- Dazu paßt ein gemischter Salat

<u>Für den Teig:</u>
1 Rezept Wan-Tan-Teig
(siehe vorheriges Rezept)

<u>Für die Füllung:</u>
2 EL Schweineschmalz
100 g Schweinehackfleisch
200 g ausgepulte, fein gehackte Crevetten, 1 fein gehackte Zwiebel
100 g eingeweichte, kleingeschnittene Tongupilze
2 EL Tomatenmark, 2 EL Sojasauce
1 TL Fünf-Gewürz-Pulver
1 TL geriebener frischer Ingwer
1-2 EL Maisstärke
Salz, Pfeffer aus der Mühle
Öl zum Fritieren

1. Den Teig entsprechend dem vorherigen Rezept zubereiten. Später dann Teigquadrate vorbereiten.

2. Das Schmalz erhitzen. Schweine- sowie Crevettenhack darin unter Rühren braten. Zwiebel und Pilze dazugeben und kurz mitbraten. Die restlichen Zutaten nach und nach darunterrühren.

3. Die Füllung auf die Teigquadrate verteilen. Die Teigecken anheben und in der Mitte zusammendrücken. Dabei die Teignähte fest zusammenkleben. Die Taschen in heißem Fett fritieren.
(auf dem Foto: rechts)

Gefüllte Zucchini

- Zubereitungszeit: ca. 25 Min.
- ca. 380 kcal je Portion
- Dazu paßt Baguette

1 mittelgroßer Zucchino
ca. 125 g Schweinehackfleisch
125 g feingehacktes Krabbenfleisch
1 Ei
1 EL Sojasauce
1 EL Austernsauce
1 Prise Ingwerpulver
Salz
Pfeffer aus der Mühle
1 １/₂ EL Stärkemehl
Öl zum Ausbacken

1. Den Zucchino längs halbieren und mit einem Teelöffel das Kerngehäuse herauslösen.

2. Schweine- und Krabbenhackfleisch mit Ei, Würzsaucen und Ingwer zu einer glatten Masse verarbeiten. Diese abschmecken und mit der Stärke binden.

3. Die Masse in die Zucchinihälften füllen, etwa 2 cm dicke Scheiben abschneiden und diese im heißen Fett goldgelb ausbacken, herausnehmen und abtropfen lassen.

Gedämpfte Hackbällchen

- Zubereitungszeit: ca. $^3/_4$ Std.
- ca. 630 kcal je Portion
- Dazu paßt ein gemischter Blattsalat

300 g mageres Schweinehackfleisch
1 zerriebene Knoblauchzehe
1 kleine gehackte Zwiebel
je $^1/_2$ rote und grüne Paprikaschote,
in Würfeln
1 in Sirup eingelegte, fein gehackte
Ingwernuß
je $^1/_2$ TL Curry- und Paprikapulver
etwas gemahlener Szetschuanpfeffer
Salz, 1 sehr kleines Ei
1 EL Speisestärke, ca. 25 g Rundkornreis
2 EL Schnittlauchröllchen

1. Fleisch, Knoblauch, Zwiebel, Paprikawürfel und Gewürzzutaten zu einer geschmeidigen Masse verarbeiten.

2. Ei, Stärke, Reis und Schnittlauch unter die Masse kneten.

3. Aus der Masse mit nassen Händen Bällchen formen. Diese in einen Dämpfkorb geben und über siedendem Salzwasser im Wok etwa 25 Minuten dämpfen.

SCHNELL · PAKISTANISCH

SCHNELL · CHINESISCH

Fleischspießchen

- Zubereitungszeit: ca. 25 Min.
- ca. 260 kcal je Portion
- Dazu paßt Paprika-Zucchini-Gemüse

250 g Rinderhackfleisch
1 kleine feingewürfelte Zwiebel
1 gepreßte Knoblauchzehe
1 EL Kichererbsenmehl
$1/2$ TL frischer geriebener Ingwer
$1/4$ TL Salz
$1/2$ TL Currypulver
ca. 40 g Joghurt

1. Das Hackfleisch mit allen Zutaten außer dem Joghurt mischen. Aus der Masse mit feuchten Händen kleine Fleischröllchen formen und jeweils eines der Länge nach auf einen Holzspieß stecken.

2. Den Joghurt leicht aufrühren und die Fleischröllchen damit bestreichen. Sie dann auf einem Holzkohlen- oder Tischgrill etwa 10 Minuten grillen.

Crevettenbällchen

- Zubereitungszeit: ca. $1/2$ Std.
- ca. 300 kcal je Portion
- Dazu paßt ein Blattsalat

250 g Crevettenfleisch
75 g durchwachsenes Schweinefleisch
$1/2$ Zwiebel
1 Zweig Petersilie
1 sehr kleines Ei
1 EL Austernsauce
$1/2$ EL Sojasauce
Salz, gemahlener Szetschuanpfeffer
einige Tropfen Zitronensaft
1-1 $1/2$ EL Speisestärke
Öl zum Ausbacken

1. Crevetten-, Schweinefleisch, Zwiebel und Petersilie durch die feine Scheibe eines Fleischwolfs drehen.

2. Das Ganze mit Ei und Würzsaucen zu einer glatten Masse verarbeiten. Diese mit den Würzzutaten abschmecken und mit Stärke binden.

3. Aus der Masse mit nassen Händen kleine Bällchen formen und diese im heißen Öl schwimmend ausbacken.

Sushi mit Garnelen

- Zubereitungszeit: ca. 1 Std.
- ca. 380 kcal je Portion
- Dazu paßt ein Glas japanischer Reiswein

Für den Sushireis:
125 g Rund- oder Mittelkornreis
1 1/2 EL Reis- oder Apfelessig
1/2 TL Zucker, 1/4 TL Salz

Für die Garnelenfüllung:
1/4 Salatgurke, 1/2 große Möhre
125 g Rettich
4 Noriblätter (getrockneter Seetang)
12 mittelgroße Tiefseegarnelen
1 TL grüne Meerrettichpaste (Wasabi)

Zum Dippen:
ca. 100 ml japanische Sojasauce

1. Reis waschen, mit etwa 200 ml Wasser zum Kochen bringen, etwa 2 Minuten sprudelnd kochen lassen, die Hitze stark reduzieren und den Reis ausquellen lassen.

2. Inzwischen in einem kleinen Topf den Essig mit Zucker und Salz leicht erwärmen und so lange verrühren, bis der Zucker aufgelöst ist. Den Reis in eine breite Schüssel füllen, mit der Essigmischung vorsichtig vermengen, auf Zimmertemperatur abkühlen lassen.

3. Gurke, Möhre und Rettich in etwa 7 cm lange und 1/2 x 1/2 cm breite Stifte schneiden. Die Möhrenstifte in kochendem Wasser kurz blanchieren.

4. Die Noriblätter zu Quadraten von etwa 12 cm Seitenlänge schneiden. Reis, Gemüsestreifen sowie Garnelen auf den Blättern verteilen und das Ganze jeweils mit wenig Meerrettichpaste würzen. Die Blätter zu Tüten aufrollen. Die Sojasauce zum Dippen reichen.
(auf dem Foto: links)

Sushi mit Rinderfilet

- Zubereitungszeit: ca. 1 Std.
- ca. 320 kcal je Portion
- Dazu paßt ein Glas japanischer Reiswein

Für den Sushireis:
1 Rezept Sushireis
(siehe vorheriges Rezept)

Für die Rinderfiletfüllung:
100 g Rinderfilet, in hauchdünnen Scheiben
schwarzer Pfeffer aus der Mühle
1 TL grüne Meerrettichpaste (Wasabi)
1/2 reife Avocado ohne Kern und Schale
1 EL Zitronensaft
1/2 kleiner Zucchino, 75 g Rettich
4 Noriblätter (getrockneter Seetang)

Zum Dippen:
ca. 100 ml japanische Sojasauce

1. Den Reis entsprechend der nebenstehenden Rezeptanweisung zubereiten.

2. Die Filetscheiben eventuell halbieren, etwas Pfeffer darübergeben und sie dünn mit Meerrettich bestreichen. Die Avocadohälfte in dünne Scheiben schneiden und sofort mit Zitronensaft beträufeln. Zucchino und Rettich zunächst in Scheiben, dann in dünne Streifen schneiden.

3. Die Noriblätter zu Quadraten von etwa 12 cm Seitenlänge schneiden. Reis, Avocadoscheiben, Gemüsestreifen und Filetscheiben darauf verteilen. Dann das Ganze zu Tüten zusammenrollen. Die Sojasauce zum Dippen reichen.
(auf dem Foto: rechts)

GERICHTE MIT FLEISCH UND GEFLÜGEL

Auf den folgenden Seiten finden Sie interessante Gerichte mit verschiedenen Fleisch- und Geflügelsorten aus fast allen Teilen Asiens. Alles kann mit einer entsprechenden Beilage als Hauptmahlzeit gegessen werden. Wollen Sie mehrere Gerichte zugleich, z. B. als Komponenten einer Reistafel, servieren, so reduzieren Sie die Rezeptmengen einfach.

Chow-Mein-Kombination

▪ Zubereitungszeit: ca. 50 Min.

▪ ca. 790 kcal je Portion

▪ Dazu paßt ein Glas Weißwein

150 g feine chinesische Eiernudeln
2–3 EL Öl
1/2 gepreßte Knoblauchzehe
1–2 Msp. frisch geriebener Ingwer
ca. 60 g gekochtes Schweinefleisch, in feinen Scheiben
ca. 70 g gekochtes Hühnerfleisch, in feinen Scheiben
50 g Chinakohl, in feinen Streifen
1 1/2 EL Bambussprossen, in Scheiben
1–2 EL Sojabohnensprossen
2–3 Frühlingszwiebeln in Ringen
ca. 40 ml Geflügel- oder Fleischfond aus dem Glas
1 EL Sojasauce, 1/2 TL Speisestärke

1. Die Nudeln entsprechend der Packungsanweisung garkochen, abgießen und auf Küchenkrepp trocknen lassen.

2. In einem Wok 1 Eßlöffel Öl erhitzen und eine Handvoll Nudeln hineingeben. Sie von beiden Seiten goldgelb braten, dann herausnehmen. Die restlichen Nudeln ebenso braten. Dabei nach Bedarf wenig Öl nachgießen. Das Öl muß stets sehr heiß sein. Die Nudeln warm halten.

3. Im Wok 1 Eßlöffel Öl erhitzen. Knoblauch und Ingwer kurz darin braten. Beide Fleischsorten, Chinakohl, Bambus- sowie Bohnensprossen und Frühlingszwiebeln dazugeben. Alles unter Rühren 2 bis 3 Minuten braten, aus dem Wok nehmen und warm stellen.

4. Den Fond und die Sojasauce in den Wok geben und aufkochen lassen. Die Speisestärke mit etwas Wasser verrühren und dazugießen. Alles unter Rühren nochmals zum Kochen bringen.

5. Die Fleisch-Gemüse-Mischung hinzufügen und in der Sauce wenden. Alles über die warmen Nudeln geben.

Tip:
Das Gericht ist ideal, um Reste zu verwerten, und kann beliebig variiert werden. Die angegebenen Zutaten und ihre Mengen sind nur als Anhaltspunkte gedacht.

BRAUCHT ZEIT
CHINESISCH

Chinesisches Brühfondue

- Für 6 Personen
- Vorbereitungszeit: ca. ³/₄ Std.
- ca. 500 kcal je Portion
- Dazu paßt Fladenbrot

Für die Knoblauchsauce:
5 gepreßte Knoblauchzehen, etwas Salz
100 g Aprikosenmarmelade
6 EL milder Essig, etwas Sojasauce
1 Msp. Ingwerpulver, 1 TL Currypulver

Für die Ingwersauce:
1 EL eingelegter, feingehackter Ingwer
2 feingehackte Knoblauchzehen
1 EL Sojasauce, 2 EL Honig
125 g Joghurt
Salz, Ingwerpulver, Chilisauce und gemahlener Pfeffer nach Belieben

Für die Feuersauce:
1 Paprikaschote, in feinen Streifen
1 feingehackte Zwiebel
125 g Joghurt, 100 g süße Sahne
2 EL Tomatenmark
Salz, Chiliöl, gemahlener Szetschuanpfeffer, Sojasauce, Zucker und feingehackte Petersilie nach Belieben

Für das Fondue:
800 g verschiedene Fleisch- und Lebersorten (Rind, Schwein, Kalb, Lamm, Kalbs- und Geflügelleber)
je 100 g Blumenkohl- und Brokkoliröschen
600 g gemischtes Gemüse (Möhren, Lauch, Bleichsellerie, Paprika, Zucchini)
200 g frische kleine Champignons
200 g Fischfilets, etwas Zitronensaft
100 g ausgelöste Garnelen
2-3 l Gemüse-, Geflügel- oder Fleischfond aus dem Glas

1. Für die Knoblauchsauce alle Zutaten gut verrühren und alles abschmecken. Für die Ingwer- und die Feuersauce die jeweils angegebenen Zutaten miteinander verrühren. Die Saucen dann mit den Gewürzen und Kräutern abschmecken.

2. Das Fleisch und die Leber trockentupfen und in kleine Stücke oder Streifen schneiden. Blumenkohl- und Brokkoliröschen in kochendem Wasser blanchieren.

3. Das Gemüse je nach Sorte in dünne Streifen oder Scheiben, in schmale Ringe oder kleine Stückchen schneiden. Die Champignons eventuell halbieren.

4. Die Fischfilets kurz waschen, trockentupfen, mit Zitronensaft beträufeln und in mundgerechte Würfel schneiden. Die Garnelen unter fließendem kaltem Wasser spülen, bis dieses klar ist, dann gut abtropfen lassen.

5. Die Fonduezutaten in kleine Schälchen füllen oder auf Teller legen und mit den Saucen bereitstellen. Den Fond in einem Kochtopf aufkochen lassen, in einen Mongolen- oder Fonduetopf umfüllen und zum Sieden bringen.

6. Bei Tisch kann sich jeder nach Geschmack und Vorliebe von den Zutaten nehmen, sie in die Korbsiebchen legen und in der siedenden Brühe garen. Dabei das Fleisch nicht vor dem Garen würzen, sonst wird die Brühe mit der Zeit zu scharf.

Tip:
Sie können auch Fertigsaucen, wie z. B. Soja-, Fisch- oder Chilisauce, sowie Chutneys zum Fondue reichen.

BRAUCHT ZEIT · **CHINESISCH**

Geschmortes Schweinefleisch mit Nierchen

- Zubereitungszeit: ca. 40 Min.
- ca. 610 kcal je Portion
- Dazu passen grüne Bandnudeln

1 kleine Zwiebel, 1 Möhre
½ Bund Frühlingszwiebeln
1 Stück Sellerie nach Belieben
½ rote Paprikaschote, 2 EL Sesamöl
100 g küchenfertige Schweinenierchen, in Streifen
200 g mageres Schweinegeschnetzeltes
⅛ l Fleischbrühe oder -fond
ca. 60 ml Sojasauce
ca. 80 ml Weißwein
1 EL Pflaumenwein, 1 EL Essig
½ TL Fünf-Gewürz-Pulver
½ TL brauner Zucker
etwas Salz und Pfeffer aus der Mühle
etwas Speisestärke zum Binden

1. Das Gemüse in Ringe beziehungsweise Streifen schneiden. Das Öl in einem Wok erhitzen. Die Nierenstreifen darin unter ständigem Rühren braten, herausnehmen, anschließend warm stellen.

2. Das Schweinefleisch im verbliebenen Bratfett ebenfalls unter ständigem Rühren braten. Das Gemüse dazugeben, kurz mitbraten, Brühe oder Fond und alle Würzzutaten dazugeben.

3. Das Ganze in etwa 20 Minuten gar schmoren. Die Nierchen dazugeben, alles abschmecken und mit Speisestärke binden.

(auf dem Foto oben)

Pfannengerührtes Schweinefleisch

- Zubereitungszeit: ca. ½ Std.
- ca. 840 kcal je Portion
- Dazu paßt gedämpfter Reis

250 g magerer Schweinebauch
1 TL Currypulver
etwas grob gemahlener schwarzer Pfeffer
2 EL Butterschmalz
½ Bund Frühlingszwiebeln
1 Stück Bleichsellerie
50 g Bohnenkeimlinge (z. B. Soja- oder Mungobohnen)
3–4 EL feingewürfelte Mixed Pickles aus dem Glas
1 ½ EL Mangochutney (Fertigprodukt)
1 EL Sojasauce
1 EL Tomatenmark
ca. 75 ml Geflügelbrühe oder -fond
etwas Speisestärke zum Binden
Salz

1. Das Fleisch mit Curry und Pfeffer einreiben und in feine Streifen schneiden.

2. Das Fett in einem Wok erhitzen und das Fleisch darin unter ständigem Rühren braten, herausnehmen und warm stellen.

3. Zwiebeln und Sellerie in Streifen schneiden, mit dem übrigen Gemüse in den Wok geben und alles unter ständigem Rühren braten. Das Fleisch und die übrigen Zutaten, ausgenommen Stärke, dazugeben und alles gut erhitzen.

4. Das Ganze mit etwas Stärke binden und abschmecken.

(auf dem Foto unten)

BRAUCHT ZEIT · CHINESISCH

SCHNELL · INDISCH

SCHNELL · INDISCH   SCHNELL · CHINESISCH

Indisches Hackcurry

- Zubereitungszeit: ca. 1/2 Std.
- ca. 680 kcal je Portion
- Dazu paßt Quellreis

1 EL Butterschmalz
1 1/2 Stangen Lauch, in feinen Ringen
50 g grobgehackte Erdnüsse
250 g gemischtes Hackfleisch
Salz, schwarzer Pfeffer aus der Mühle
2 geschälte Bananen
ca. 75 g Sahnejoghurt, 1 TL Currypulver

1. Das Butterschmalz in einer Pfanne erhitzen und den Lauch darin andünsten. Nüsse und Hackfleisch zufügen, mit Salz und Pfeffer würzen, alles braten und beiseite stellen.

2. Eine Banane zerdrücken und die zweite in dünne Scheiben schneiden. Joghurt, Curry und Bananenmus verrühren und alles in die Pfanne geben.

3. Das Ganze erhitzen, abschmecken, die Bananenscheiben unterheben und kurz miterwärmen.

Süß-saures Schweinefleisch

- Zubereitungszeit: ca. 1/2 Std.
- ca. 430 kcal je Portion
- Dazu passen chinesische Eiernudeln

1 sehr kleines Ei
ca. 1 EL Mehl
2 EL Milch, 1 TL Sojasauce
250 g Schweinefilet, in kleinen Würfeln
4 EL Erdnußöl, 1/2 EL Tomatenketchup
1 EL Zucker, 1 TL Essig
1 Scheibe Ananas,
frisch oder aus der Dose

1. Ei, Mehl, Milch sowie die Sojasauce verquirlen und die Fleischwürfel darin wenden.

2. Etwa 2 Eßlöffel Öl in einer Pfanne erhitzen. Das Fleisch darin von allen Seiten knusprig braun braten und herausnehmen.

3. Das restliche Öl, Tomatenketchup, Zucker und Essig in die Pfanne geben und alles unter Rühren erhitzen.

4. Ananas in Stücke schneiden, zusammen mit dem Fleisch in die Sauce geben und das Ganze erwärmen.

BRAUCHT ZEIT · INDISCH

BRAUCHT ZEIT · CHINESISCH

Schweinefleisch Bombay

- Zubereitungszeit: ca. 40 Min.
- Zeit zum Marinieren: ca. 1 Std.
- ca. 460 kcal je Portion
- Dazu passen Reisbandnudeln

2 EL Sojasauce, 2 EL Sherry
250 g Schweineschnitzel, in kleinen Würfeln
1 EL Sojaöl, 1–2 EL Currypulver
150 g Möhren und 1 kleine Zwiebel, in Würfeln, $^1/_8$ l Rinderbrühe
1 TL Speisestärke, ca. 2 EL süße Sahne
1 geschälte Banane, in Scheiben
ca. 75 g TK-Erbsen, Salz

1. Sojasauce und Sherry verrühren und das Fleisch etwa 1 Stunde darin marinieren.

2. Öl erhitzen, Fleisch und Gemüsewürfel darin unter Rühren anbraten. Curry darüberstreuen. Alles mit der Brühe ablöschen und etwa 10 Minuten schmoren lassen.

3. Stärke mit der Sahne verrühren und das Gericht damit binden. Banane und Erbsen dazugeben und alles weitere 5 Minuten garen, dann abschmecken.

Gebratener Hackfleischreis

- Zubereitungszeit: ca. $^3/_4$ Std.
- ca. 690 kcal je Portion
- Dazu paßt ein gemischter Blattsalat

ca. 75 g Langkornreis
1 EL Sesamöl
1 gepreßte Knoblauchzehe
je 1 EL Soja- und Hoisinsauce
etwas gemahlener Szetschuanpfeffer
200 g Rinderhackfleisch
1 kleine Zwiebel, in Würfeln
1 Möhre, in Würfeln
$^1/_2$ Stange Lauch, in Stückchen
etwas Salz

1. Den Reis laut Packungsanweisung garen.

2. Das Öl in einem Wok erhitzen, Knoblauch, Würzsaucen, Pfeffer und Hackfleisch dazugeben. Alles unter Rühren gut anbraten, dann das Gemüse dazugeben und das Ganze fertigbraten.

3. Den Reis zum Gericht geben. Das Ganze unter ständigem Rühren erwärmen und abschmecken.

Würzrippchen

- Zubereitungszeit: ca. 1 Std.
- ca. 620 kcal je Portion
- Dazu passen Fladenbrot und Blattsalat

2 feingewürfelte Knoblauchzehen
½ TL Salz
¼ TL gemahlener schwarzer Pfeffer
etwas gemahlener Kreuzkümmel
etwas gemahlene Fenchelsamen
etwas Korianderpulver
je ½ EL Honig und Sesamöl
1 EL Sojasauce
500 g Schweinerippchen

1. Den Backofen auf 200 °C vorheizen. Den Knoblauch mit Salz, Pfeffer, den übrigen Gewürzen, Honig, Sesamöl und Sojasauce verrühren.
2. Die Rippchen mit der Würzmischung einreiben. Sie auf ein Kuchengitter legen, über eine Fettpfanne auf mittlerer Schiene in den Ofen schieben und etwa ¾ Stunden braten lassen.
3. Nach etwa ¼ Stunde die Rippchen wenden und etwa 100 ml Wasser darübergeben. Das Fleisch jetzt alle 10 Minuten mit dem Bratensatz begießen.
(auf dem Foto oben)

Variation:
Die Rippchen können Sie auch auf dem Herd zubereiten. Erhitzen Sie 1 Eßlöffel Öl in einer Kasserolle, braten die Rippchen darin an, fügen etwa 100 ml Wasser hinzu und garen das Ganze bei geschlossenem Topf etwa 25 Minuten lang.

Schweinebauch mit Nudeln

- Zubereitungszeit: ca. 1 Std.
- ca. 640 kcal je Portion
- Dazu paßt ein Glas Mineralwasser

125 g feine Fadennudeln aus Reismehl
125 g magerer Schweinebauch ohne Schwarte
1 ½ EL Öl
125 g Kartoffelwürfel
1 Zwiebel, in feinen Ringen
1 feingewürfelte Knoblauchzehe
1 EL Sojasauce
etwas schwarzer Pfeffer aus der Mühle
½ TL Salz
1 ½ TL brauner Zucker

1. Die Nudeln in warmem Wasser etwa 5 Minuten einweichen und abgießen. Das Fleisch fein würfeln.
2. Das Öl in einem Wok erhitzen und die Kartoffeln darin goldbraun braten, herausnehmen und warm stellen.
3. Die Zwiebel und den Knoblauch etwa 3 Minuten im Wok braten. Das Fleisch hinzugeben und unter Rühren goldbraun braten.
4. Die Nudeln, Sojasauce und etwa 70 ml Wasser zum Fleisch geben und die Flüssigkeit unter Rühren einkochen lassen. Alle Würzzutaten hinzufügen.
5. Die Kartoffelwürfel dazugeben und alles noch einmal gut erhitzen.
(auf dem Foto unten)

BRAUCHT ZEIT · **SINGAPURISCH**

BRAUCHT ZEIT · **SINGAPURISCH**

Mariniertes Rinderfilet mit Beilagen

- Zubereitungszeit: ca. 1 ¼ Std.
- Zeit zum Marinieren: ca. ¼ Std.
- ca. 1160 kcal je Portion
- Dazu paßt ein Glas japanischer Reiswein

Für die Rinderfilets:
2 Rinderfilets (à 140 g)
2-3 EL japanische Sojasauce
3 EL Mirin (süßer japanischer Reiswein)
ca. 50 g feingewürfelte Schalotten
ca. 75 ml Weißwein, 1 EL Zucker
ca. 15 g grünes Meerrettichpulver
75 g kalte Butterflocken (gesalzen)
1 EL Sojaöl
etwas frisch geriebenen Meerrettich

Für das Tomatenkompott:
1 TL Sojaöl
1 Fleischtomate, in Würfeln
15 g Tomatenmark, 2 EL Weißwein
Saft von ½ Limone oder Zitrone
Salz, Pfeffer aus der Mühle, Zucker

Für die Reisküchlein:
ca. 20 g kandierter Ingwer, in feinen Würfeln
1 EL Bleichselleriewürfelchen
1 EL Schalottenwürfel
1 TL Butter
ca. 90 g gekochter Rundkornreis
ca. 50 g gekochter Wildreis
1 EL gehackte Kräuter (z. B. Zitronenmelisse, Liebstöckel)
1 Ei, 1-2 EL Sojaöl

Außerdem:
4-8 ausgelöste Garnelen
Salz, Pfeffer aus der Mühle
2 EL Knoblauchbutter
160 g Enoki- oder kleingeschnittene frische Shiitakepilze
1 EL Öl, 1-2 EL Sojasauce
25 g Schalottenwürfel

1. Die Rinderfilets in der Sojasauce und dem Mirin wenden und etwa ¼ Stunde darin marinieren lassen.

2. Schalotten in Weißwein und Zucker gardünsten. Meerrettichpulver hineinrühren, alles aufkochen lassen und vom Herd nehmen. Die Butterflocken mit dem Schneebesen unter die Sauce schlagen, alles passieren und warm stellen.

3. Das Öl erhitzen, Tomatenwürfel und Tomatenmark dazugeben und das Ganze mit dem Weißwein verrühren. Das Kompott mit Zitrussaft, Salz, Pfeffer und Zucker abschmecken und warm halten.

4. Ingwer-, Sellerie- und Schalottenwürfel in der Butter andünsten. Beide Reissorten, die Kräuter und das Ei daruntermischen. Aus der Masse Küchlein formen. Das Öl in einer Pfanne erhitzen, die Küchlein darin von beiden Seiten hellbraun braten und warm halten.

5. Die Rinderfilets aus der Marinade nehmen. Das Sojaöl in einer Pfanne erhitzen, die Filets darin beidseitig scharf anbraten, dann abdecken und in wenigen Minuten medium braten. Sie ebenfalls warm stellen.

6. Die Garnelen würzen. Die Knoblauchbutter in einer Pfanne erhitzen, die Garnelen darin kurz braten und warm halten.

7. Die Pilze zusammen mit dem Eßlöffel Öl in einer Pfanne scharf anbraten, mit der Sojasauce würzen und warm stellen. Die Schalottenwürfel im verbleibenden Öl braten und zu den Pilzen geben.

8. Reisküchlein, Pilze, Rinderfilets, Tomatenkompott und Garnelen auf zwei vorgewärmten Tellern anrichten. Den frischen Meerrettich über das Fleisch geben.

BRAUCHT ZEIT · JAPANISCH

Gekochtes Rindfleisch

- Zubereitungszeit: ca. 2 Std.
- ca. 530 kcal je Portion
- Dazu paßt Quellreis oder Brot

400 g Rindfleisch aus der hohen Rippe
150 g Möhren
150 g Rettich
1-2 frische Pfefferschoten (Peperoni)
2 EL Öl
1 1/2 EL Sambal Oelek
1 Sternanis
1 EL Süßholzwurzel
1-2 Frühlingszwiebeln, in Stücken
Salz und Zucker nach Belieben

1. Das Rindfleisch mit etwa 3/4 Liter Wasser in einen Topf geben und etwa 40 Minuten kochen lassen. Es anschließend herausnehmen, für etwa 20 Minuten in kaltes Wasser legen, dann in etwa 2 x 2 cm große Stücke schneiden. Die Brühe aufheben.

2. In der Zwischenzeit die Möhren und den Rettich in etwa 2 x 2 cm große Würfel schneiden. Die Pfefferschoten quer halbieren und eventuell entkernen.

3. Das Öl in einem Wok erhitzen und die Sambalpaste etwa 1 Minute darin braten. Die Rinderbrühe hinzugeben und alles zum Kochen bringen.

4. Anis, Süßholz, Gemüse und Rindfleischwürfel hinzufügen und alles bei großer Hitze etwa 5 Minuten kochen lassen. Die Hitze reduzieren und alles weitere 25 Minuten schmoren lassen.

5. Das Ganze mit Salz und Zucker abschmecken und etwas einköcheln lassen. Anis und Süßholzwurzel herausnehmen.
(auf dem Foto oben)

Rotgekochtes Rinderhackfleisch

- Zubereitungszeit: ca. 1/2 Std.
- ca. 360 kcal je Portion
- Dazu paßt gekochter Reis

3-4 eingeweichte Tongupilze
200 g Bambussprossen
50 g frische Sojabohnenkeimlinge
2 Frühlingszwiebeln
1/2 rote Paprikaschote
2 EL Erdnußöl
100 g Rinderhackfleisch
ca. 75 ml Gemüsebrühe
2-3 EL Reiswein
je 1-2 EL Soja- und Hoisinsauce
1/2 EL Chilisauce (Fertigprodukt)
etwas Salz
etwas Pfeffer aus der Mühle
1 Prise Zucker
etwas Maisstärke zum Binden

1. Die Pilze von den Stielen befreien und kleinschneiden. Die Bambussprossen in Streifen schneiden. Die Sojabohnenkeimlinge verlesen. Die Frühlingszwiebeln und die Paprikaschote würfeln.

2. Das Öl in einem Wok erhitzen und das Hackfleisch darin scharf anbraten. Frühlingszwiebeln sowie Paprika dazugeben und mitbraten.

3. Sojabohnenkeimlinge, Bambussprossen sowie Pilze hinzufügen und kurz mitbraten.

4. Gemüsebrühe, Reiswein und Würzsaucen dazugießen, alles aufkochen, würzen und mit etwas Stärke binden.
(auf dem Foto unten)

ZEITINTENSIV · **CHINESISCH**

SCHNELL · **CHINESISCH**

SCHNELL · JAPANISCH

Teriyakisteak

- Zubereitungszeit: ca. ¼ Std.
- ca. 580 kcal je Portion
- Dazu passen Reis und Blattsalat

2 ½ EL Öl
2–3 feingehackte Knoblauchzehen
40 g feingewürfelter durchwachsener Speck
400 g Kalbslende, in dünnen Scheiben
2 EL japanische Sojasauce
4 EL lieblicher Rotwein
2 EL Butter
etwas schwarzer Pfeffer aus der Mühle

1. Das Öl in einer Pfanne erhitzen. Knoblauch und Speckwürfel darin kurz anbraten, dann aus dem Fett nehmen.

2. Die Kalbfleischscheiben im verbleibenden Öl etwa 2 Minuten braten, aus der Pfanne nehmen und in Alufolie warm halten.

3. Den Bratensatz mit der Sojasauce aufgießen, das Ganze kurz aufkochen, Rotwein, Knoblauch-Speck-Mischung dazugeben und alles etwa 2 Minuten kochen lassen.

4. Die Pfanne von der Herdplatte nehmen, die Butter mit einem Schneebesen unter die Sauce schlagen. Diese mit dem Pfeffer abschmecken und mit dem Fleisch anrichten.

INDONESISCH

Rindfleisch süß-sauer

- Zubereitungszeit: ca. 1/2 Std.
- ca. 490 kcal je Portion
- Dazu paßt gedämpfter Reis

400 g mageres Rump- oder Beefsteak
2 frische grüne Chilischoten
3 EL Öl
1 feingewürfelte Zwiebel
2 Knoblauchzehen, gepreßt oder in feinen Scheiben
etwas Salz
1 TL Ingwerpulver
4 EL Ananassaft
1-2 EL brauner Zucker

1. Das Fleisch in dünne Streifen schneiden. Die Chilischoten längs aufschlitzen, entkernen und in feine Ringe schneiden.

2. Etwa 1 1/2 Eßlöffel Öl in einer Pfanne erhitzen, die Zwiebel darin anbräunen, den Knoblauch und die Chilis hinzufügen und etwa 2 Minuten mitbraten.

3. Das restliche Öl in einer zweiten Pfanne erhitzen, das Fleisch darin anbraten, mit Salz und Ingwer würzen. Die Zwiebelmischung zum Fleisch geben, den Ananassaft und den Zucker hinzufügen und alles unter Rühren 2 bis 3 Minuten köcheln lassen.

Rindfleisch-Kartoffel-Curry

- Zubereitungszeit: ca. 1 Std.
- ca. 480 kcal je Portion
- Dazu paßt Reis mit Röstzwiebeln

1 feingehackte Gemüsezwiebel
2 feingehackte Knoblauchzehen
³/₄ TL frischer gehackter Ingwer
¹/₂ TL Kurkumapulver
¹/₂ TL Chilipulver
1 ¹/₂ EL Sesamöl
1 ¹/₂ EL Erdnußöl
¹/₄ TL gemahlener weißer Kreuzkümmel
¹/₄ TL Korianderpulver
250 g Rindergulasch
¹/₄ TL Salz
150 g Kartoffeln, in mundgerechten Würfeln

1. Zwiebel, Knoblauch, Ingwer, Kurkuma und Chili in einem Mörser zu einer Paste zerreiben.
2. Beide Ölsorten in einem Topf erhitzen und die Paste darin anbraten. Kreuzkümmel und Koriander dazugeben und unter Rühren kurz mitbraten.
3. Das Fleisch ebenfalls dazugeben und alles einige Minuten braten.
4. Salz, etwa 300 ml Wasser und Kartoffelwürfel hinzugeben. Alles etwa 25 Minuten schmoren lassen. Die Flüssigkeit soll dabei einkochen.
(auf dem Foto oben)

Rindfleisch-Kokos-Curry

- Zubereitungszeit: ca. 1 Std.
- ca. 820 kcal je Portion
- Dazu paßt gekochter Reis

250 g Kokosflocken
ca. 600 ml heiße Milch
400 g mageres Rindfleisch (z. B. aus der Hüfte)
1 mittelgroße Zwiebel, in feinen Ringen
¹/₂ TL Salz
1 EL Sambal Oelek
abgeriebene Schale von 1 unbehandelten Zitrone
1 EL Fischsauce
1 rote Paprikaschote, in Streifen
1 EL frische Pfefferminzblätter
1 EL Koriandergrün

1. Kokosflocken und Milch in einer Küchenmaschine mixen. Die Mischung durch ein Sieb gießen und auspressen. Die Milch dabei auffangen.
2. Das Fleisch in schmale, etwa 5 cm lange Streifen schneiden.
3. Die Kokosmilch in einem Topf zum Kochen bringen, Fleisch und Zwiebel, Salz, Sambalpaste, Zitronenschale und Fischsauce hinzufügen. Alles bei halb geschlossenem Topf und bei niedriger Hitze etwa 40 Minuten köcheln lassen. Dabei öfter umrühren.
4. Die Paprikastreifen hinzufügen und alles ohne Deckel so lange kochen lassen, bis die Sauce etwas eingekocht ist. Das Gericht mit Minz- und Korianderblättern bestreuen.
(auf dem Foto unten)

BRAUCHT ZEIT · BIRMANISCH

BRAUCHT ZEIT · THAILÄNDISCH

Pekingente mit Pfannkuchen

- Für 4 Personen
- Zeit zum Trocknen: über Nacht
- Zeit zum Durchziehen: mind. 5 Std.
- Zubereitungszeit: ca. 2 $^{1}/_{4}$ Std.
- Zeit zum Ruhen: mind. $^{1}/_{2}$ Std.
- ca. 1120 kcal je Portion
- Dazu paßt Reis

Für die Ente:
Salz
1 küchenfertige Ente (ca. 1,8 kg)

Für die Marinade:
3 EL Honig, ca. 150 ml Sherry
1 EL Salz, $^{1}/_{2}$ TL geriebener Ingwer

Für die Pfannkuchen:
300 g Weizenmehl, etwas Salz
$^{1}/_{4}$ l kochendes Wasser
1-2 EL Sesamöl

Außerdem:
Hoisin-, Soja- und Pflaumensauce sowie Chutneys (Fertigprodukte) nach Belieben
Frühlingszwiebel- und Gurkenstreifen nach Belieben

1. Einen entsprechend großen Topf mit Salzwasser zum Kochen bringen und die Ente darin einige Sekunden überbrühen, herausnehmen, trockentupfen und über Nacht zum Trocknen aufhängen.

2. Am Morgen des nächsten Tages Honig, Sherry, Salz und Ingwer verrühren. Die Ente gleichmäßig innen und außen mit der Marinade bestreichen. Sie nochmals mindestens 5 Stunden durchziehen lassen.

3. Den Backofen auf 200 °C vorheizen. Die Ente auf den Rost legen, diesen auf mittlerer Schiene in den Ofen schieben und die Fettpfanne darunterhängen. Die Ente 1 $^{1}/_{2}$ bis 2 Stunden braten. Dabei öfter mit einem Holzspieß einstechen und mit der austretenden Flüssigkeit begießen. Eventuell etwas Wasser angießen.

4. In der Zwischenzeit das Mehl in eine Schüssel sieben, Wasser und Salz dazugeben und alles zu einem geschmeidigen Teig verarbeiten. Diesen etwa 10 Minuten kneten. Eine Teigkugel formen und sie mindestens $^{1}/_{2}$ Stunde ruhen lassen.

5. Den Teig nochmals durchkneten, eine Rolle von etwa 5 cm Durchmesser formen und etwa 1 cm dicke Scheiben davon abschneiden.

6. Jeweils 1 Teigscheibe mit Sesamöl bestreichen und eine zweite Scheibe darauf legen. Die Doppelscheiben so lange von der Mitte her ausrollen, bis sie einen Durchmesser von etwa 15 cm haben.

7. Eine beschichtete Pfanne erhitzen und die Teigfladen darin nach und nach von beiden Seiten hell backen. Die Pfanne dabei ständig rütteln. Wenn die Fladen leicht goldbraune Flecken haben, sind sie fertig.

8. Die Haut von der Ente lösen und in Rauten schneiden. Das Fleisch ablösen und in Stücke schneiden. Beides zusammen mit den Pfannkuchen, den Saucen sowie den Chutneys und den Gemüsestreifen servieren.

Tip:
Entenfleisch und -haut sowie die Gemüsestreifen lassen sich gut in einen mit Sauce oder Chutney bestrichenen Fladen einwickeln.

ZEITINTENSIV · **CHINESISCH**

ZEITINTENSIV · **CHINESISCH**

Geschmorte Ente

- Für 4 Personen
- Zubereitungszeit: ca. 2 Std.
- ca. 960 kcal je Portion
- Dazu passen Salzkartoffeln

Salz
1 küchenfertige Ente (ca. 1,8 kg)
1/2 l Geflügelfond aus dem Glas
200 g geräucherter Schinken, in Streifen
2 EL Pflaumensauce
1 TL Zucker
etwas Chiliöl
ca. 75 ml Essig
1 TL frisch geriebener Ingwer
2 Bund Frühlingszwiebeln
1 kleiner Kopf Chinakohl
etwas schwarzer Pfeffer aus der Mühle
1 EL gehacktes Koriandergrün

1. Einen entsprechend großen Topf mit Salzwasser zum Kochen bringen und die Ente darin etwa 1/4 Stunde kochen, herausnehmen und abtupfen.

2. Den Backofen auf 180 °C vorheizen. Geflügelfond, Schinken, alle Würzzutaten und etwas Salz in einen Gußwok oder -bräter geben. Alles gut verrühren.

3. Die Ente dazugeben, den Wok oder Bräter verschließen und das Ganze im Ofen etwa 1 1/2 Stunden schmoren lassen.

4. Inzwischen Frühlingszwiebeln und Chinakohl in Streifen schneiden. Beides etwa 10 Minuten vor Ende der Garzeit zur Ente geben.

5. Das Gericht mit Salz und Pfeffer abschmecken und mit Koriander bestreuen.

ZEITINTENSIV · CHINESISCH

Poularde in Salz

- Für 4 Personen
- Zubereitungszeit: ca. 2 Std.
- ca. 360 kcal je Portion
- Dazu paßt ein Gemüserisotto

Für die Füllung:
1/2 mittelgroße Stange Lauch
1 Zwiebel
1/2 rote Paprikaschote
2 EL Sesamöl
ca. 50 g Sojabohnenkeimlinge
2 Eier
1 Msp. Ingwerpulver
1 TL grobgemahlener schwarzer Pfeffer

Für die Poularde:
1 küchenfertige Poularde (ca. 1,5 kg)
etwa 2 kg Salz

1. Lauch, Zwiebel und Paprika in schmale Ringe oder dünne Streifen schneiden. Das Öl in einer Pfanne erhitzen und das Gemüse darin glasig schwitzen. Bohnenkeimlinge darunterrühren und kurz mitschwitzen.

2. Die Eier in einer Schüssel verschlagen und würzen. Diese Mischung zum Gemüse geben. Das Ganze unter ständigem Rühren stocken lassen.

3. Den Backofen auf 200 °C vorheizen. Die Gemüse-Ei-Mischung in die Poularde füllen und diese mit Küchengarn zunähen.

4. Den Boden einer großen feuerfesten Form mit Salz bedecken, die Poularde darauf legen und mit dem restlichen Salz ganz bedecken. Das Ganze im Ofen etwa 1 1/2 Stunden garen.

5. Die fertige Poularde von Salz und Küchengarn befreien.

SCHNELL · **BIRMANISCH**   BRAUCHT ZEIT · **CHINESISCH**

Huhn mit Pilzen

- Zubereitungszeit: ca. $1/2$ Std.
- ca. 190 kcal je Portion
- Dazu paßt Baguette

> 150 g frische Champignons
> 150 g Hähnchenbrust
> 1 $1/2$ EL Öl
> 1 feingewürfelte Knoblauchzehe
> 1 Zwiebel, in feinen Ringen
> 1 EL Sojasauce
> etwas Salz

1. Die Pilze halbieren oder vierteln. Die Hähnchenbrust in Streifen schneiden.

2. Das Öl in einem Wok erhitzen, Knoblauch und Zwiebel darin goldbraun braten. Das Fleisch dazugeben, alles bei großer Hitze unter Rühren etwa 3 Minuten braten, dann bei mittlerer Hitze und geschlossenem Wok weitere 5 Minuten garen.

3. Sojasauce hineingeben und alles nach Geschmack salzen, umrühren und Pilze dazugeben. Alles abgedeckt weitere 5 Minuten kochen lassen. Die Flüssigkeit anschließend einköcheln lassen.

Honighähnchen

- Zubereitungszeit: ca. $3/4$ Std.
- ca. 300 kcal je Portion
- Dazu passen Brot und Blattsalat

> 2 EL Öl
> 500 g Hähnchenflügel
> ca. 50 ml Sojasauce
> 2 EL Honig
> 1–2 EL chinesischer Wein
> 1 gepreßte Knoblauchzehe
> $1/4$ TL frisch geriebener Ingwer

1. Das Öl in einem Wok erhitzen und die Flügel etwa 5 Minuten darin anbraten.

2. Sojasauce, Honig, Wein, Knoblauch und Ingwer zu den Hähnchenflügeln geben. Alles gut mischen.

3. Das Ganze bei geschlossenem Wok und geringer Hitze etwa $1/2$ Stunde garen. Gegen Ende der Garzeit die Flügel mehrmals wenden, damit die Honigsauce nicht anbrennt.

SCHNELL · CHINESISCH

Marinierte Hähnchenwürfel

- Zubereitungszeit: ca. ½ Std.
- Zeit zum Marinieren: über Nacht
- ca. 380 kcal je Portion
- Dazu paßt ein gemischter Blattsalat

1 EL Honig, 1 EL Essig
1 EL Tomatenketchup, 1 EL Sojasauce
Salz, 1 gepreßte Knoblauchzehe
½ TL Fünf-Gewürz-Pulver
2 Hähnchenbrustfilets, 1 EL Öl
½ TL frisch geriebener Ingwer
abgeriebene Schale von 1 unbehandelten Zitrone, 5–6 EL Semmelbrösel
3–4 EL Mehl, 1 verquirltes Ei
reichlich Öl zum Ausbacken

1. Alle Würzzutaten verrühren, die Filets damit einstreichen und über Nacht marinieren.

2. Öl im Wok erhitzen und Filets darin braten, herausnehmen, erkalten lassen und in Stücke schneiden. Ingwer, Zitrusschale und Brösel mischen. Die Hähnchenstücke zuerst in Mehl, dann in dem Ei und schließlich in der Bröselmischung wenden und im Fett goldgelb ausbacken.

SCHNELL · CHINESISCH

Hähnchen in Reiswein

- Zubereitungszeit: ca. ½ Std.
- Zeit zum Marinieren: mind. 3 Std.
- Zeit zum Durchziehen: über Nacht
- ca. 480 kcal je Portion
- Dazu passen Brot und Tomatensalat

2 EL Sojasauce, 1 EL Hoisinsauce
1 EL Pflaumensauce, 1 EL Essig
Salz, 1 gepreßte Knoblauchzehe
einige Tropfen Chiliöl
2 Hähnchenbrustfilets, in Würfeln
1 Eiweiß, 2 EL Speisestärke
reichlich Fett zum Ausbacken
½ Flasche Reiswein

1. Alle Würzzutaten gut verrühren. Das Fleisch darin mindestens 3 Stunden marinieren.

2. Das Eiweiß gut verschlagen und die Speisestärke darunterrühren. Die Hähnchenwürfel durch den Teig ziehen, im heißen Fett schwimmend ausbacken und gut abtropfen lassen.

3. Die Würfel mit Reiswein übergießen, über Nacht durchziehen lassen, herausnehmen und erwärmt oder kalt servieren.

Hühnerkeulen mit Zwiebeln

- Zubereitungszeit: ca. 1 Std.
- ca. 400 kcal je Portion
- Dazu paßt gekochter Reis

2 küchenfertige Hühnerkeulen
Salz
Saft von $1/2$ Zitrone
2 $1/2$ EL Öl zum Braten
3 Zwiebeln, in Ringen
1-2 durchgepreßte Knoblauchzehen
1 TL Sambal Oelek
$1/2$ TL Ingwerpulver
$1/2$ TL abgeriebene Schale von 1 unbehandelten Zitrone
1-2 EL Ananassaft
1 EL geraspelte Kokoscreme
eventuell rote Chilischoten zum Garnieren

1. Die Hühnerkeulen mit Salz und Zitronensaft einreiben. Etwa 2 Eßlöffel Öl in einer Pfanne erhitzen und die Keulen darin rundum knusperig braun braten.

2. Die Zwiebeln im restlichen Öl goldbraun braten, Knoblauch, Sambal Oelek, Ingwer und Zitronenschale hinzufügen und kurz mitbraten.

3. Ananassaft, Kokoscreme und etwa 160 ml Wasser dazugeben und alles aufkochen lassen. Die Hühnerkeulen hineinlegen, mit Sauce bedecken und in etwa $1/2$ Stunde fertig garen, sie dabei ab und zu wenden. Die Keulen anrichten und mit den Chilis garnieren.
(auf dem Foto oben)

Tip:
Anstelle der Hühnerkeulen können Sie auch andere Hühnerteile verwenden.

Geflügel-Joghurt-Curry

- Zubereitungszeit: ca. 1 Std.
- ca. 200 kcal je Portion
- Dazu paßt gedämpfter Reis

250 g Hähnchenbrustfilets
1 kleine feingehackte Zwiebel
1-2 feingehackte Knoblauchzehen
$1/2$ TL Ingwerpulver
2 EL frisch gehackte Pfefferminzblätter
1 EL Öl
je $1/2$ TL Kurkuma- und Korianderpulver
$1/4$ TL Kümmelpulver
$1/2$ TL Salz
$1/4$ TL Chilipulver
100 g Joghurt
ca. 120 g passierte Tomaten
1-2 feingehackte Frühlingszwiebeln

1. Das Hähnchenfleisch in mundgerechte Stücke schneiden.

2. Zwiebel, Knoblauch, Ingwer und Pfefferminzblätter in einem Mörser zu einer Paste verarbeiten. Das Öl in einem Wok erhitzen und die Würzpaste unter Rühren anbraten.

3. Kurkuma, Koriander, Kümmel, Salz und Chilipulver dazugeben und alles weitere 3 Minuten braten.

4. Den Joghurt und die Tomaten darunterrühren. Alles so lange einköcheln lassen, bis die Sauce sämig ist. Dabei öfter umrühren.

5. Die Hähnchenstücke daruntermischen. Die Hitze reduzieren und das Gericht bei geschlossenem Wok etwa $1/2$ Stunde garen. Das fertige Curry mit den Zwiebeln garnieren.
(auf dem Foto unten)

BRAUCHT ZEIT · **INDONESISCH**

BRAUCHT ZEIT · **PAKISTANISCH**

GERICHTE MIT FISCH UND MEERES- FRÜCHTEN

Die ausgedehnten Küstenregionen vieler asiatischer Länder sind ein Grund dafür, daß Fisch zu den Hauptnahrungsmitteln gehört. Liebhaber der feinen Fischküche kommen in diesem Kapitel sicher auf ihre Kosten. Alle Gerichte bilden zusammen mit einer entsprechenden Beilage eine Hauptmahlzeit.

Feuriger Fisch

- Zubereitungszeit: ca. $1/2$ Std.
- ca. 720 kcal je Portion
- Dazu passen Brot und Sprossensalat

20 g frischer Ingwer
4-5 Knoblauchzehen
3-4 frische rote Chilischoten
Grün von 2 Frühlingszwiebeln
1 Stück (ca. 600 g) küchenfertiger Fisch
(z. B. Karpfen, Lachs, Barsch, Kabeljau)
ca. $1/2$ l Öl zum Frittieren und Braten
130 ml japanische Sojasauce
6 EL scharfer Essig
2 EL brauner Zucker
1-2 EL Chiliöl
6-8 EL süßer japanischer Reiswein (Mirin)
1 EL Kokosnußöl

1. Den Ingwer und den Knoblauch schälen und fein hacken. Die Chilischoten ebenfalls sehr fein hacken. Das Frühlingszwiebelgrün in Ringe schneiden.

2. Den Fisch waschen und trockentupfen. Das Öl in einem Wok erhitzen und den Fisch darin fritieren. Ihn dabei nach kurzer Zeit einmal herausnehmen und das Öl wieder heiß werden lassen. Der Fisch muß so lange fritiert werden, bis er sich dunkelgelb verfärbt. Ihn danach warm stellen.

3. Eine Pfanne erhitzen, etwa 6 Eßlöffel des Fritierfetts hineingeben und sehr heiß werden lassen. Dann die Chilischoten kurz darin braten. Knoblauch und den Ingwer hinzugeben und kurz mitbraten.

4. Anschließend Sojasauce, Essig, Zucker, Chiliöl und Reiswein hinzugeben und gut verrühren. Wenn alles heiß ist, den Fisch hinzugeben, ihn kurz durchkochen lassen und einmal wenden.

5. Wenn die Sauce etwas eingeköchelt ist, die Frühlingszwiebeln über den Fisch geben. Zum Schluß das Kokosnußöl darüberträufeln.

Tip:
Wenn Sie es nicht ganz so scharf mögen, dann entkernen Sie die Chilischoten, bevor Sie sie in Ringe schneiden.

SCHNELL
JAPANISCH

BRAUCHT ZEIT · INDISCH   **BRAUCHT ZEIT · THAILÄNDISCH**

Fischcurry

- Zubereitungszeit: ca. 40 Min.
- ca. 640 kcal je Portion
- Dazu paßt gekochter Naturreis

> 400 g bratfertige Rotbarschfilets
> Salz
> Saft von 1/2 Zitrone
> 1 EL Mehl
> 2 EL Butterschmalz
> 2 EL gehackte Mandeln
> 250 g geschälte Äpfel, in Würfel
> 50 g Rosinen, 1-2 TL Currypulver
> 150 g Sahnejoghurt
> etwas Zucker

1. Den Fisch salzen, mit Zitronensaft beträufeln und etwa 10 Minuten durchziehen lassen. Ihn dann trockentupfen, in Würfel schneiden und mit Mehl bestäuben.

2. Das Fett in einer Pfanne erhitzen. Fisch und Mandeln darin von allen Seiten anbraten. Äpfel hinzufügen und mitdünsten.

3. Alles mit Curry bestäuben. Rosinen und Joghurt zufügen, alles durchschmoren lassen und mit Curry und Zucker abschmecken.

Scharfer Fisch

- Zubereitungszeit: ca. 40 Min.
- ca. 250 kcal je Portion
- Dazu paßt gedämpfter Reis

> 1 rote Chilischote
> 2 Tomaten, 2 EL Sesamöl
> 1 feingehackte Zwiebel
> 1 EL Essig
> Salz
> schwarzer Pfeffer aus der Mühle
> 250 g bratfertige Fischfilets (z. B. Scholle, Barsch, Kabeljau)

1. Die Chilischote entkernen und fein hacken. Die Tomaten überbrühen, enthäuten, von den Stielansätzen befreien und würfeln.

2. Das Öl in einer Pfanne erhitzen und die Zwiebel darin goldgelb braten. Tomaten, Essig sowie Chili dazugeben und alles mit Salz und Pfeffer abschmecken. Die Sauce abgedeckt etwa 5 Minuten einköcheln lassen.

3. Den Fisch hineingeben, mit der Sauce bedecken und das Ganze 10 bis 15 Minuten garen.

SCHNELL · **THAILÄNDISCH** SCHNELL · **INDONESISCH**

Gebratener Thunfisch

- Zubereitungszeit: ca. 20 Minuten
- ca. 450 kcal je Portion
- Dazu passen Brot und ein Tomaten-Gurken-Salat

1–2 EL Öl
2 kleine bratfertige Thunfischfilets
je 1 EL Soja- und Fischsauce
1 Frühlingszwiebel
1 EL Koriandergrün

1. Das Öl in einer beschichteten Pfanne erhitzen und den Fisch darin auf beiden Seiten braun braten.

2. Die Filets mit den Würzsaucen beträufeln und warm stellen. Die weißen und hellgrünen Abschnitte der Frühlingszwiebel grob hacken und mit dem Koriandergrün auf den Filets verteilen.

Würzfisch

- Zubereitungszeit: ca. ½ Std.
- ca. 200 kcal je Portion
- Dazu passen Reis und Gemüse

1 EL Öl
1 feingewürfelte Zwiebel
1 feingewürfelte Knoblauchzehe
½ TL feingeriebener frischer Ingwer
½ TL Sambal Oelek
¼ TL gemahlener schwarzer Pfeffer
¼ TL Muskatpulver
250 g bratfertiges Kabeljaufilet
1–2 EL Balsamessig
1 EL Sojasauce
1 TL Honig

1. Das Öl in einer Pfanne mit Deckel erhitzen. Zwiebel, Knoblauch, Ingwer und Sambal darin goldgelb braten. Pfeffer und Muskat darunterrühren. Filet hineingeben und von jeder Seite etwa 3 Minuten braten.

2. Essig, Sojasauce und Honig dazugeben. Das Ganze abgedeckt etwa 10 Minuten köcheln lassen. Eventuell etwas Wasser hinzufügen.

Gedämpfter Fischzopf

- Zubereitungszeit: ca. 50 Min.
- Zeit zum Marinieren: mind. ½ Std.
- ca. 310 kcal je Portion
- Dazu paßt gebratener Reis

Für den Fisch:
400 g bratfertige Seelachsfilets
etwas Salz
1 TL Fünf-Gewürz-Pulver
Saft von 1 Zitrone

Für die Marinade:
½ TL grobzerstoßene Anissamen
½ TL grobgemahlener Szetschuanpfeffer
2 EL Sojasauce
1 EL Austernsauce
1 TL Honig
1-2 EL Schnittlauchröllchen

Außerdem:
4-5 große Sauerampferblätter
reichlich Essigwasser

1. Die Fischfilets in lange dünne, etwa 3 cm breite Streifen schneiden und ganz vorsichtig zu Zöpfen flechten. Diese mit Salz und Gewürzpulver bestreuen und mit Zitronensaft beträufeln.

2. Die Zutaten für die Marinade verrühren, die Zöpfe damit bestreichen und sie mindestens ½ Stunde durchziehen lassen.

3. Einen Dampfkorb mit Sauerampferblättern auslegen, die Fischzöpfe vorsichtig hineingeben und das Ganze über kochendem Essigwasser 20 bis 25 Minuten im Wok dämpfen.
(auf dem Foto: unten)

Gedämpfte Fischroulade

- Zubereitungszeit: ca. 1 Std.
- Zeit zum Marinieren: mind. ½ Std.
- ca. 290 kcal je Portion
- Dazu passen gebratene Eiernudeln

Für die Marinade:
Saft von 1 kleinen Zitrone
1 EL Sojasauce
1 EL Austernsauce
1 EL Pflaumensauce
1 Schuß Reiswein
etwas Salz
etwas gemahlener Szetschuanpfeffer

Für die Rouladen:
350 g bratfertige Fischfilets (z. B. Scholle, Kabeljau), in Würfeln
ca. 50 g Sojabohnenkeimlinge
ca. 50 g grüne TK-Erbsen
2 eingeweichte chinesische Pilze, in Streifen
1-2 EL gehackte Walnüsse
1 kleines Ei, 1 EL Speisestärke
6-8 blanchierte Chinakohlblätter
reichlich Essigwasser

1. Die Zutaten für die Marinade gut verrühren, mit dem Fisch in eine Schüssel geben und das Ganze mindestens ½ Stunde ziehen lassen.

2. Keimlinge, Erbsen, Pilze, Nüsse, Ei und Stärke zum Fisch geben, alles mischen und abschmecken.

3. Je 3 bis 4 Chinakohlblätter übereinanderlegen, jeweils die Hälfte der Fischmasse darauf geben und alles zusammenrollen.

4. Die Rouladen in einen Dampfkorb legen und über kochendem Essigwasser im Wok 25 bis 30 Minuten dämpfen.
(auf dem Foto: oben)

SCHNELL · **PAKISTANISCH**　　SCHNELL · **THAILÄNDISCH**

Fritiertes Fischfilet

- Zubereitungszeit: ca. ½ Std.
- ca. 280 kcal je Portion
- Dazu passen Reis und gemischter Salat

3 EL Weizenmehl
¼ TL Salz
je ¼ TL gemahlener Koriander,
gemahlener Kreuzkümmel, Kardamom-
und Kurkumapulver
1 kleines Ei
2-4 bratfertige Schollenfilets
ca. ½ l Erdnußöl zum Fritieren

1. Mehl, Salz und Gewürze mischen. Das Ei verschlagen.

2. Die Fischfilets zunächst in dem Ei, dann in der Mehl-Gewürz-Mischung wenden.

3. Das Öl in einem Wok erhitzen, die Fischfilets darin goldbraun fritieren und anschließend auf Küchenkrepp abtropfen lassen.

Fischtaler

- Zubereitungszeit: ca. ½ Std.
- ca. 430 kcal je Portion
- Dazu passen Brot und scharfe Saucen

400 g bratfertige Fischfilets (z. B. Barsch, Kabeljau), in Stücken
½ Zwiebel
2 Knoblauchzehen
¼ TL Salz
½ TL gemahlener schwarzer Pfeffer
1 kleines Ei
ca. 2 EL Weizenmehl
40-70 g Semmelbrösel
ca. ¼ l Kokosöl zum Braten

1. Den Fisch portionsweise zusammen mit der Zwiebel und dem Knoblauch pürieren.

2. Die Fischmasse in eine Schüssel geben, Salz, Pfeffer, Ei und so viel Mehl hinzufügen, daß ein fester, gut formbarer Teig entsteht.

3. Mit feuchten Händen aus dem Fischteig kleine Taler formen und in den Semmelbröseln wälzen. Das Öl in einer Pfanne erhitzen und die Taler von beiden Seiten knusprig braun braten.

SCHNELL · **JAPANISCH** BRAUCHT ZEIT · **CHINESISCH**

Gegrilltes Fischsteak

- Zubereitungszeit: ca. 1/2 Std.
- Zeit zum Marinieren: ca. 1/2 Std.
- ca. 310 kcal je Portion
- Dazu passen Reis und pikante Saucen

1 TL feingeriebener Ingwer
2 EL Sojasauce
3 EL japanischer Reiswein (Sake)
1/2 EL brauner Zucker
2 bratfertige Fischfilets (z. B. Thunfisch, Heilbutt)

1. Ingwer, Sojasauce, Reiswein und Zucker gut mischen. Den Fisch hineingeben und etwa 1/2 Stunde marinieren lassen.

2. Inzwischen den Backofengrill vorheizen oder ein Holzkohlefeuer durchglühen lassen. Die Steaks von jeder Seite etwa 7 Minuten grillen. Sie dabei einige Male mit der Marinade bepinseln.

Fisch mit Speck

- Zubereitungszeit: ca. 3/4 Std.
- ca. 830 kcal je Portion
- Dazu passen Salzkartoffeln

1 Stück bratfertiger Barsch (ca. 600 g)
Saft von 1 Zitrone
Salz
Pfeffer aus der Mühle
3 EL Essig
1 Bund kleingeschnittenes Suppengrün
100 g feingewürfelter fetter Speck
2–3 EL Cashewkerne

1. Den Fisch mit Zitronensaft beträufeln und mit Salz und Pfeffer bestreuen.

2. Etwa 750 ml Wasser mit dem Essig zum Kochen bringen. Das Gemüse dazugeben und alles 5 bis 6 Minuten köcheln lassen. Den Fisch in den Sud geben und in etwa 1/4 Stunde gar ziehen lassen.

3. Speck auslassen, Cashewkerne daruntermischen und erhitzen. Fisch und Gemüse anrichten. Die sehr heiße Speckmischung darübergeben.

Ausgebackene Fischwürfel

- Zubereitungszeit: ca. 40 Min.
- ca. 330 kcal je Portion
- Dazu passen Chinakohlgemüse und Reis

250 g bratfertige Fischfilets (z. B. Lachs, Goldbarsch, Kabeljau)
1 kleines Eiweiß
¼ TL Salz
je 1 Msp. gemahlener schwarzer Pfeffer, gemahlener Kümmel, gemahlener Kreuzkümmel, gemahlene Fenchelsamen und Korianderpulver
1 TL Speisestärke
3 EL Öl

1. Die Fischfilets mit Küchenkrepp trockentupfen und in mundgerechte Würfel schneiden.

2. Das Eiweiß verschlagen. Salz, alle Gewürze und die Speisestärke gut vermischen. Die Fischwürfel zunächst in dem Eiweiß, dann in der Gewürzmischung wenden.

3. Das Öl in einem Wok erhitzen und die Fischwürfel portionsweise darin so lange ausbacken, bis sie goldbraun sind. Sie auf Küchenkrepp abtropfen lassen.
(auf dem Foto oben)

Tip:
Verwenden Sie zum Ausbacken Erdnußöl. Es ist hitzestabil und gibt dem Fisch einen besonderen Geschmack.

Süß-saure Fischwürfel

- Zubereitungszeit: ca. 40 Min.
- ca. 580 kcal je Portion
- Dazu passen gekochte Reisbandnudeln

400 g bratfertige Rotbarschfilets
Saft von ½ Zitrone
je 2 ½ EL Sojasauce und Essig
Salz
weißer Pfeffer aus der Mühle
½ TL Fünf-Gewürz-Pulver
Zucker nach Belieben
4 EL Erdnußöl zum Ausbacken
1 verquirltes Ei
2 ½ EL Maisstärke
2 Möhren, in Rauten geschnitten
50 g TK-Erbsen
½ Zwiebel, in Würfeln
150 g passierte Tomaten (Fertigprodukt)

1. Die Fischfilets in Würfel schneiden, mit Zitronensaft, Sojasauce und Essig beträufeln, kurz durchziehen lassen und aus der Marinade nehmen. Sie dann mit Salz und Pfeffer, Gewürzpulver und Zucker nach Geschmack würzen.

2. Das Öl in einem Wok erhitzen. Die Fischwürfel zuerst in dem Ei und dann in der Stärke wenden, portionsweise im heißen Öl ausbacken, herausnehmen und warm stellen.

3. Das Gemüse im verbleibenden Öl unter Rühren braten. Die Marinade und die passierten Tomaten angießen und alles zum Kochen bringen. Die Fischwürfel in die Sauce geben und nochmals kurz erhitzen.
(auf dem Foto unten)

BRAUCHT ZEIT · **SINGAPURISCH**

BRAUCHT ZEIT · **CHINESISCH**

Crevettenkugeln mit Gemüsenudeln

- Zubereitungszeit: ca. 1 Std.
- Zeit zum Trocknen: ca. ³/₄ Std.
- ca. 1130 kcal je Portion
- Dazu paßt ein Glas Reiswein

Für die Gemüsenudeln:
125 g chinesische Eiernudeln
reichlich heißes Wasser
Salz
70 ml Erdnußöl
2 kleingeschnittene Frühlingszwiebeln
1 Möhre, in Würfeln
50 g Bleichsellerie, in Stücken
50 g halbierte Zuckererbsen
2 EL Erdnußbutter
2 EL Sojasauce
1 EL Hoisinsauce
1 EL Chilisauce
¹/₈ l Reiswein
etwas gemahlener Szetschuanpfeffer

Für die Crevettenkugeln:
250 g ausgelöste Crevetten
100 g durchwachsener Schweinebauch
1 Ei
2 EL Sojasauce
1 EL Austernsauce
1 Schuß Reiswein
schwarzer Pfeffer aus der Mühle
¹/₄ TL Fünf-Gewürz-Pulver
1 Prise Zucker
2–2 ¹/₂ EL Maisstärke

Außerdem:
ca. ¹/₄ l Erdnußöl zum Ausbacken
einige Kirschtomatenhälften

1. Die Nudeln etwa 10 Minuten in heißem Wasser einweichen, dann 4 bis 5 Minuten in Salzwasser garen, herausnehmen, gut abtropfen lassen, auf einem Backblech ausbreiten und etwa ³/₄ Stunden trocknen lassen.

2. Crevetten und Schweinebauch durch die feine Scheibe eines Fleischwolfs drehen und in eine Schüssel geben.

3. Ei, Würzsaucen sowie Reiswein dazugeben und alles zu einer kompakten Masse verkneten. Diese mit den Würzzutaten abschmecken und mit der Stärke binden.

4. Mit feuchten Händen aus der Crevettenmasse mundgerechte Kugeln formen. Das Öl in einem Wok erhitzen, die Kugeln darin portionsweise goldgelb ausbacken und warm stellen.

5. Für die Nudeln das Erdnußöl in einer Pfanne erhitzen und diese darin unter Rühren braten, dann herausnehmen, warm halten und im verbleibenden Öl das Gemüse unter Rühren braten. Erdnußbutter, Würzsaucen sowie Reiswein dazugeben und alles aufkochen lassen. Die Nudeln dann unter die Gemüsemischung heben und mit Salz und Pfeffer abschmecken.

6. Die Gemüsenudeln anrichten, die Crevettenkugeln darauf legen und das Ganze mit den Kirschtomaten garnieren.

BRAUCHT ZEIT · **CHINESISCH**

BRAUCHT ZEIT · **JAPANISCH**

Tempura

- Zubereitungszeit: ca. ¾ Std.
- ca. 300 kcal je Portion
- Dazu paßt ein Gemüsesalat

Für das Tempura:
1 großes Eigelb
ca. 50 g Weizenmehl
1 mittelgroße Möhre
1 Stück Rettich (ca. 100 g)
1 Stück Lauch (ca. 100 g)
ca. 50 g frische Shiitakepilze
ca. ½ l Öl zum Fritieren
125 g frische Tintenfischringe
einige kleine Tintenfische
4 ausgepulte Garnelen

Für den Dip:
100 ml Gemüsefond aus dem Glas
2 EL japanischer Reiswein (Mirin)
2 ½ EL japanische Sojasauce
je etwas feingeriebener frischer Ingwer und feingeriebener frischer Rettich

1. Eigelb, Mehl und etwa 80 ml eiskaltes Wasser rasch verrühren und das Ganze kalt stellen. Das Gemüse in mundgerechte Stücke schneiden. Die Stiele von den Pilzen abschneiden.

2. Die Zutaten für den Dip verrühren, kurz erwärmen, auf zwei Schälchen verteilen und Ingwer sowie Rettich darüberstreuen.

3. Das Öl in einem Wok stark erhitzen. Gemüse, Pilze, Tintenfisch und Garnelen nacheinander durch den Teig ziehen, dann portionsweise im Öl fritieren, auf Küchenkrepp abtropfen lassen und mit dem Dip servieren.

SCHNELL · **CHINESISCH**

Garnelen mit Gemüse

- Zubereitungszeit: ca. $1/2$ Std.
- Zeit zum Marinieren: ca. $1/4$ Std.
- ca. 400 kcal je Portion
- Dazu passen gekochte Reisbandnudeln

2-3 eingeweichte Tongupilze
200 g ausgelöste Garnelen
1-2 EL Sojasauce
1-2 EL Austernsauce
2 $1/2$ EL Reiswein
Saft von $1/2$ Zitrone
2 Frühlingszwiebeln
je $1/2$ rote und grüne Paprikaschote
1-2 EL Erdnußöl
je ca. 50 g Zuckerschoten, Bambussprossenstücke und Sojabohnenkeimlinge
ca. 75 ml Gemüsefond aus dem Glas
etwas Salz
Pfeffer aus der Mühle
1 Prise Cayennepfeffer

1. Die Pilze von den harten Stielen befreien und in Streifen schneiden. Die Garnelen in den Würzsaucen, dem Reiswein und dem Zitronensaft etwa $1/4$ Stunde marinieren lassen.

2. Inzwischen Frühlingszwiebeln und Paprikaschoten in dünne Streifen schneiden. Die Zuckerschoten quer halbieren. Das Öl in einem Wok erhitzen und alles Gemüse unter ständigem Rühren darin braten.

3. Die Garnelen mit der Marinade und dem Fond dazugeben, alles kurz durchkochen und würzen.

GERICHTE MIT GEMÜSE

In fernöstlichen Ländern sind auch Gemüsegerichte sehr beliebte Speisen. Dieses Kapitel gibt einen Einblick in die Vielfalt der vegetarischen Küche Asiens. Einige der Gerichte können zusammen mit einer Stärke- oder Salatbeilage als Hauptmahlzeit gegessen werden. Andere eignen sich als Beilage.

Gemüsekostbarkeiten

- Zubereitungszeit: ca. ³/₄ Std.
- Quellzeit: ca. ³/₄ Std.
- ca. 260 kcal je Portion
- Dazu passen gebratene Eiernudeln

je 2–4 Tongu- und Wolkenohrpilze
ca. 25 g getrocknete Tofustreifen
reichlich heißes Wasser
¹/₂ Zwiebel
1 Knoblauchzehe
1 Möhre
1 Stück Lauch
¹/₂ kleiner weißer Rettich
1 Stück Bleichsellerie
je 50 g Lotuswurzeln, Bambussprossen und Sojabohnenkeimlinge
2 EL Erdnußöl
¹/₈ l Gemüsefond aus dem Glas
je 1–2 EL Sojasauce, Pflaumensauce und Essig
etwas Salz, Pfeffer aus der Mühle
je 1 Prise Cayennepfeffer und Zucker
2 EL Schnittlauchröllchen

1. Pilze und Tofu getrennt mit heißem Wasser übergießen. Die Pilze etwa eine ¾ Stunde und die Tofustreifen etwa ½ Stunde quellen lassen.

2. Inzwischen die Zwiebel und den Knoblauch fein hacken. Möhre, Lauch und Rettich in feine Streifen und Sellerie in Stücke schneiden. Die Lotuswurzeln in mundgerechte Stücke und die Bambussprossen in Streifen schneiden. Die Keimlinge verlesen.

3. Das Öl in einer Pfanne erhitzen und die Zwiebel sowie den Knoblauch darin braten. Möhre, Lauch, Sellerie und Rettich dazugeben und alles unter Rühren braten.

4. Lotuswurzeln, Bohnenkeimlinge und Bambussprossen in die Pfanne geben und alles weitere 4 bis 5 Minuten unter Rühren braten.

5. Anschließend Gemüsefond, Würzsaucen sowie Essig darunterrühren und das Ganze aufkochen lassen.

6. Das Gemüse mit den Würzzutaten abschmecken und mit Schnittlauch bestreuen.

Tip:
Das angerichtete Gemüse können Sie mit sternförmig ausgestochenen Rettichscheiben garnieren.

BRAUCHT ZEIT
CHINESISCH

SCHNELL · **BIRMANISCH**

Gebratene Pilze

- Zubereitungszeit: ca. 20 Min.
- ca. 70 kcal je Portion
- Dazu passen Fladenbrot und Blattsalat

300 g frische Champignons
$^1/_2$ Zwiebel
1–2 Knoblauchzehen
2 kleine frische grüne Chilischoten
1 TL Öl
60 ml Geflügelfond aus dem Glas
je $^1/_2$ TL Fischsauce und Sojasauce
etwas Salz

1. Die Pilze vierteln. Zwiebel und Knoblauch in feine Ringe beziehungsweise Scheiben schneiden. Den Stengelansatz der Chili entfernen, die Schoten entkernen und halbieren.

2. Das Öl in einem Wok erhitzen. Zwiebel und Knoblauch darin leicht andünsten. Alle weiteren Zutaten hinzugeben. Das Ganze unter Rühren und bei hoher Hitze etwa 5 Minuten braten.

SCHNELL · **PAKISTANISCH**

Würzzwiebeln

- Zubereitungszeit: ca. $^1/_2$ Std.
- ca. 130 kcal je Portion
- Dazu paßt Roggenbrot mit Butter

1 EL Öl
$^1/_2$ TL feingeriebener frischer Ingwer
je 1 Prise Korianderpulver, gemahlener Kreuzkümmel, Zimtpulver, gemahlener Kardamom, gemahlener Kümmel, Nelkenpulver, gemahlener schwarzer Pfeffer, gemahlene Fenchelsamen, geriebener Muskat und Salz
$^1/_2$ TL Kurkumapulver
2 große Gemüsezwiebeln, in Achteln

1. Das Öl in einem Wok erhitzen und alle Würzzutaten etwa 1 Minute darin anbraten. Die Zwiebeln hineingeben und unter Rühren etwa 5 Minuten braten.

2. Den Wok abdecken und alles bei reduzierter Hitze etwa $^1/_4$ Stunde schmoren lassen. Die Zwiebeln sollen weich sein. Eventuell etwas Wasser dazugeben.

SCHNELL · **CHINESISCH** SCHNELL · **BIRMANISCH**

Pfannengerührter Kohl

- Zubereitungszeit: ca. 1/2 Std.
- ca. 190 kcal je Portion
- Paßt zu Fleisch- und Geflügelgerichten

400 g geraspelte Weißkohlblätter
1/2 rote Paprikaschote, in Streifen
Salz, 1 frische rote Chilischote
1-2 EL Butterschmalz
1 feingewürfelte Zwiebel
1 feingehackte Knoblauchzehe
1 TL feingeriebener Ingwer
1 EL Tomatenmark
1 EL Essig, 2-3 EL Sojasauce
1/2 TL brauner Zucker
schwarzer Pfeffer aus der Mühle
1/8 l Gemüsefond aus dem Glas
1-2 EL Schnittlauchröllchen

1. Kohl und Paprika in kochendem Salzwasser kurz blanchieren. Die Chilischote entkernen und fein hacken.

2. Fett erhitzen. Zwiebel, Knoblauch, Chili und Gemüse darin unter Rühren braten.

3. Die Würzzutaten und den Fond dazugeben, alles aufkochen, abschmecken und mit Schnittlauch bestreuen.

Ausgebackene Zucchini

- Zubereitungszeit: ca. 1/2 Std.
- ca. 380 kcal je Portion
- Paßt zu Fleisch- und Geflügelgerichten

1 gepreßte Knoblauchzehe
1/4 TL feingeriebener frischer Ingwer
1/4 TL Kurkumapulver
je ca. 60 g Reis- und Weizenmehl
1/4 TL Salz
ca. 1/4 l Erdnußöl zum Ausbacken
400 g Zucchini, in fingerdicken Scheiben

1. Alle Zutaten, bis auf das Öl und die Zucchinischeiben, mit etwa 75 ml Wasser gut verrühren.

2. Das Öl in einem Wok erhitzen. Die Zucchinischeiben nacheinander in dem Teig wenden und portionsweise so lange im Fett ausbacken, bis sie knusprig sind. Sie dann auf Küchenkrepp abtropfen lassen und sofort servieren.

Zuckerschoten mit zweierlei Pilzen

- Zubereitungszeit: ca. ½ Std.
- ca. 260 kcal je Portion
- Paßt zu Fleisch- und Fischgerichten

je 3-4 eingeweichte Tongu- und
Wolkenohrpilze
2 Frühlingszwiebeln
250 g Zuckerschoten
1 Knoblauchzehe
1-2 EL Sesamöl
75 ml Gemüsefond aus dem Glas
je 1 EL Sojasauce, Obstessig und Honig
etwas Salz
Pfeffer aus der Mühle
1 Prise Cayennepfeffer
1-2 EL gehacktes Koriandergrün

1. Die Pilze von den harten Stielen befreien und in Streifen schneiden. Die Frühlingszwiebeln putzen und in Stücke schneiden. Die Zuckerschoten eventuell quer halbieren. Die Knoblauchzehe fein hacken.

2. Das Öl in einem Wok erhitzen. Pilze, Zuckerschoten, Zwiebeln und Knoblauch dazugeben und alles unter Rühren braten.

3. Gemüsefond, Sojasauce, Obstessig und Honig mischen, zum Gemüse geben und das Ganze kurz aufkochen lassen.

4. Das Gemüse abschmecken und mit dem Koriandergrün bestreuen.
(auf dem Foto: oben)

Sojabohnengemüse

- Zubereitungszeit: ca. 20 Min.
- ca. 250 kcal je Portion
- Paßt zu Fleisch-, Fisch- und Geflügelgerichten

½ Bund Frühlingszwiebeln
1 Knoblauchzehe
etwas Salz
½ eingelegte Ingwernuß
2 ½ EL Sesamöl
250 g Sojabohnenkeimlinge
3 EL Gemüsefond aus dem Glas
1-2 EL Sojasauce
1 EL Hoisinsauce
weißer Pfeffer aus der Mühle
1 Prise Cayennepfeffer
1 Prise Zucker
2 EL Schnittlauchröllchen

1. Die Frühlingszwiebeln in Stücke schneiden. Die Knoblauchzehe mit Salz verreiben. Die Ingwernuß in feine Würfel schneiden.

2. Das Sesamöl in einem Wok erhitzen, Zwiebeln, Knoblauch, Ingwer und Bohnenkeimlinge dazugeben und alles unter Rühren braten.

3. Gemüsefond, Soja- und die Hoisinsauce darunterrühren und das Ganze kurz aufkochen lassen.

4. Das Bohnengemüse kräftig würzen und mit dem Schnittlauch bestreuen.
(auf dem Foto: unten)

Variation:
Anstelle der Sojabohnenkeimlinge können Sie auch eine Mischung verschiedener Bohnenkeimlinge verwenden.

Lauchzwiebeln mit Reis

- Zubereitungszeit: ca. 40 Min.
- ca. 660 kcal je Portion
- Dazu paßt ein gemischter Salat

250 g Langkornreis
4 Frühlingszwiebeln
1 EL Öl
1–2 EL Sojasauce
einige Spritzer Essig
etwas Salz
gemahlener Szetschuanpfeffer
nach Belieben

1. Den Reis entsprechend der Packungsanweisung garen. Inzwischen die Frühlingszwiebeln in schmale Ringe schneiden.

2. Das Öl in einem Wok erhitzen. Den Reis dazugeben und alles einen Moment unter Rühren braten. Sojasauce und Essig hinzufügen und das Ganze gut vermischen.

3. Die Frühlingszwiebeln dazugeben und daruntermischen. Alles gut erwärmen, salzen und pfeffern.

Gemüsedreierlei

- Zubereitungszeit: ca. ½ Std.
- ca. 300 kcal je Portion
- Dazu passen gebratene Eiernudeln

je 125 g Weißkohl, Chinakohl und Lauch
2–2 ½ EL Sesamöl
je 1–2 EL Sojasauce und Obstessig
1 EL brauner Zucker
1 EL Pflaumensauce
Salz
weißer Pfeffer aus der Mühle
¼ TL Kurkumapulver
2 EL Schnittlauchröllchen

1. Weiß- und Chinakohl vom Strunk befreien und die Blätter in etwa 1 cm breite Streifen schneiden. Diese waschen und abtropfen lassen. Den Lauch der Länge nach halbieren, abwaschen und in Stücke schneiden.

2. Das Öl in einem Wok erhitzen und das Gemüse darin unter Rühren braten.

3. Sojasauce, Obstessig, Zucker und Pflaumensauce darunterrühren. Das Gemüse abschmecken und dann mit dem Schnittlauch bestreuen.

SCHNELL · **INDONESISCH**

Bohnengemüse

- Zubereitungszeit: ca. ½ Std.
- ca. 110 kcal je Portion
- Paßt zu Fleischgerichten

300 g frische grüne Bohnen
1 EL Erdnußöl
1 Zwiebel, in feinen Ringen
1 gepreßte Knoblauchzehe
½ TL Sambal Oelek
etwas Salz

1. Die Bohnen schräg in feine Scheiben schneiden. Das Öl in einem Wok erhitzen. Die Bohnen bei hoher Hitze unter Rühren etwa 3 Minuten braten.

2. Zwiebel, Knoblauch, Sambal Oelek und Salz hinzugeben und alles bei mäßiger Hitze unter Rühren weitere 3 bis 5 Minuten braten. Die Bohnen sollen bißfest sein.

SCHNELL · **JAPANISCH**

Spargel-Tofu-Salat

- Zubereitungszeit: ca. 20 Min.
- Zeit zum Durchziehen: ca. ¼ Std.
- ca. 180 kcal je Portion
- Dazu paßt Stangenweißbrot

250 g grüner Spargel
3 EL japanische Sojasauce
2 EL Zitronensaft
abgeriebene Schale von ½ unbehandelten Zitrone
1 ½ TL Zucker, 2 ½ EL Sesamöl
125 g japanischer Tofu, in Stücken
1 Frühlingszwiebel, in feinen Ringen
4 Blätter Sauerampfer, in Streifen

1. Den Spargel im unteren Drittel dünn schälen und schräg in Stücke schneiden. Etwa 1 Eßlöffel der Sojasauce mit reichlich Wasser zum Kochen bringen, den Spargel etwa 5 Minuten darin garen und abtropfen lassen. Die Spargelspitzen nur etwa 3 Minuten mitkochen.

2. Restliche Sojasauce, Zitrussaft und -schale, Zucker und Öl verrühren.

3. Alles gut miteinander vermischen und etwa ¼ Stunde durchziehen lassen.

BRAUCHT ZEIT · **JAPANISCH**

Nudeln mit Nagasakigemüse

- Zubereitungszeit: ca. 40 Min.
- Quellzeit: ca. $1/4$ Std.
- ca. 710 kcal je Portion
- Dazu paßt ein Glas Mineralwasser

ca. 10 g getrocknete Wolkenohrpilze
200 g Vollkornbandnudeln, Salz
300 g Frühlingszwiebeln
2 EL Erdnußöl
1 TL feingeriebener frischer Ingwer
2 große reife Tomaten, in Würfeln
1 gepreßte Knoblauchzehe
1 TL Speisestärke
$1/8$ l Gemüsefond aus dem Glas
2 EL japanische Sojasauce, 2 EL Sherry
etwas Pfeffer aus der Mühle
1 Spritzer Tabasco

1. Die Pilze in lauwarmes Wasser legen, etwa $1/4$ Stunde quellen lassen und anschließend kleinschneiden. Die Vollkornnudeln in leicht gesalzenem Wasser bißfest kochen. Die Frühlingszwiebeln in etwa 3 cm lange feine Streifen schneiden.

2. Das Öl in einem Wok erhitzen. Etwas Salz, Frühlingszwiebeln, Ingwer und Pilze hineingeben. Alles unter ständigem Rühren bißfest garen. Die Tomatenwürfel und den Knoblauch hinzufügen und kurz mitdünsten. Das Gemüse herausnehmen.

3. Stärke mit dem Fond verrühren, in den Wok geben und aufkochen lassen. Die Sauce mit Sojasauce, Sherry, Pfeffer und Tabasco abschmecken. Die Nudeln und das Gemüse daruntermischen und das Ganze erwärmen.

EINFACH GUT

Jeder Titel mit 64 Seiten, ca. 50 Farbfotos, kartoniert.

DM **9,80**, S 79,–, SFr 10,80
ISBN: 3-8068-**1349**-3

DM **9,80**, S 79,–, SFr 10,80
ISBN: 3-8068-**1299**-3

DM **9,80**, S 79,–, SFr 10,80
ISBN: 3-8068-**1289**-6

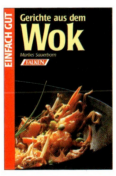

DM **9,80**, S 79,–, SFr 10,80
ISBN: 3-8068-**1291**-8

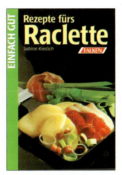

DM **9,80**, S 79,–, SFr 10,80
ISBN: 3-8068-**1290**-X

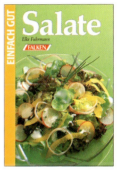

DM **9,80**, S 79,–, SFr 10,80
ISBN: 3-8068-**1346**-9

In der Reihe EINFACH GUT sind ebenfalls erschienen:

Cocktails und Drinks
ISBN: 3-8068-**1292**-6

Nudelgerichte
ISBN: 3-8068-**1293**-4

Rezepte für 1 Person
ISBN: 3-8068-**1294**-2

Aufläufe
ISBN: 3-8068-**1295**-0

Waffeln
ISBN: 3-8068-**1296**-9

Kartoffelgerichte
ISBN: 3-8068-**1297**-7

Fondues
ISBN: 3-8068-**1298**-5

Braten auf dem heißen Stein
ISBN: 3-8068-**1300**-0

Gemüsegerichte
ISBN: 3-8068-**1347**-7

Geflügelgerichte
ISBN: 3-8068-**1348**-5

Rezepte für Tisch- und Gartengrill
ISBN: 3-8068-**1351**-5

Pizza
ISBN: 3-8068-**1352**-3

Jeder Titel **DM 9,80,** S 79,–, SFr 10,80

Rezeptverzeichnis

Bohnengemüse 61
Brühfondue, chinesisches 16
Chow-Mein-Kombination 14
Crevettenbällchen 11
Crevettenkugeln mit Gemüsenudeln 50
Ente, geschmorte 34
Fisch, feuriger 40
Fisch, scharfer 42
Fischcurry 42
Fischfilet, fritiertes 46
Fisch mit Speck 47
Fischroulade, gedämpfte 44
Fischsteak, gegrilltes 47
Fischtaler 46
Fischwürfel, ausgebackene 48
Fischwürfel, süß-saure 48
Fischzopf, gedämpfter 44
Fleischspießchen 11
Garnelen mit Gemüse 53
Geflügel-Joghurt-Curry 38
Gemüsedreierlei 60
Gemüsekostbarkeiten 54
Hackbällchen, gedämpfte 10
Hackcurry, indisches 20
Hackfleischreis, gebratener 21

Hähnchen in Reiswein 37
Hähnchenwürfel, marinierte 37
Honighähnchen 36
Hühnerkeulen mit Zwiebeln 38
Hühner-Kokos-Suppe 4
Hühnersuppe 6
Huhn mit Pilzen 36
Kohl, pfannengerührter 57
Krabben-Mais-Suppe 7
Lauchzwiebeln mit Reis 60
Nudeln mit Nagasakigemüse 62
Pekingente mit Pfannkuchen 32
Pilze, gebratene 56
Poularde in Salz 35
Rinderfilet, mariniertes mit Beilagen 24
Rinderhackfleisch, rotgekochtes 26
Rindfleisch, gekochtes 26
Rindfleisch-Kartoffel-Curry 30
Rindfleisch-Kokos-Curry 30
Rindfleischsuppe 7
Rindfleisch süß-sauer 29

Schweinebauch mit Nudeln 22
Schweinefleisch, geschmortes mit Nierchen 18
Schweinefleisch, pfannengerührtes 18
Schweinefleisch, süß-saures 20
Schweinefleisch Bombay 21
Sojabohnengemüse 58
Spargel-Tofu-Salat 61
Suppe, scharfe 6
Sushi mit Garnelen 12
Sushi mit Rinderfilet 12
Tempura 52
Teriyakisteak 28
Thunfisch, gebratener 43
Wan-Tan mit Crevettenfüllung 8
Wan-Tan mit Hähnchenfüllung 8
Würzfisch 43
Würzrippchen 22
Würzzwiebeln 56
Zucchini, ausgebackene 57
Zucchini, gefüllte 10
Zuckerschoten mit zweierlei Pilzen 58

Dieses Buch gehört zu einer Kochbuchreihe, die die beliebtesten Themen aus dem Bereich Essen und Trinken aufgreift. Fragen Sie Ihren Buchhändler.

Der Verlag dankt der Firma Kikkoman, Düsseldorf, für die freundliche Unterstützung.

Die Deutsche Bibliothek – CIP-Einheitsaufnahme

Fernöstliche Küche / Renate Faller (Hrsg.). – Niedernhausen/Ts. : FALKEN, 1993
  (Einfach gut)
  ISBN 3-8068-1384-1
NE: Faller, Renate [Hrsg.]

ISBN 3 8068 1384 1

© 1993 by Falken-Verlag GmbH, 65527 Niedernhausen/Ts.

Die Verwertung der Texte und Bilder, auch auszugsweise, ist ohne Zustimmung des Verlags urheberrechtswidrig und strafbar. Dies gilt auch für Vervielfältigungen, Übersetzungen, Mikroverfilmung und für die Verarbeitung mit elektronischen Systemen.
Umschlaggestaltung: Peter Udo Pinzer
Redaktion: Silvia Faller
Herstellung: VerlagsService Dr. Helmut Neuberger & Karl Schaumann GmbH, Heimstetten
Titelbild: TLC-Foto-Studio GmbH, Velen-Ramsdorf (Rezept »Süß-saure Fischwürfel«, Seite 48); Fotos Seite 13, 25, 28, 52, 61 rechts und 62: Kikkoman Sojasauce; alle anderen Fotos: FALKEN Archiv
Satz: Fotosatz Völkl, Puchheim
Druck: Sebald Sachsendruck, Plauen

817 2635 4453 6271